AF306288

PAX

# L'AGE D'OR

## CONFÉRENCE SUR L'AVENIR

Faite à Charlestown, le 1ᵉʳ Avril 1888

PAR

## Le Docteur HUMBERTSON

MEMBRE DE PLUSIEURS ACADÉMIES

—

Traduction de M. X***, Officier de Marine

—

Prix : 1 Fr. 50

—

**PARIS**

H. OUDIN, LIBRAIRE-ÉDITEUR

17, rue Bonaparte, 17

—

1888

# L'AGE D'OR

TOULON. — IMP. A. ISNARD ET C$^{ie}$,
Boulevard de Strasbourg, 56.

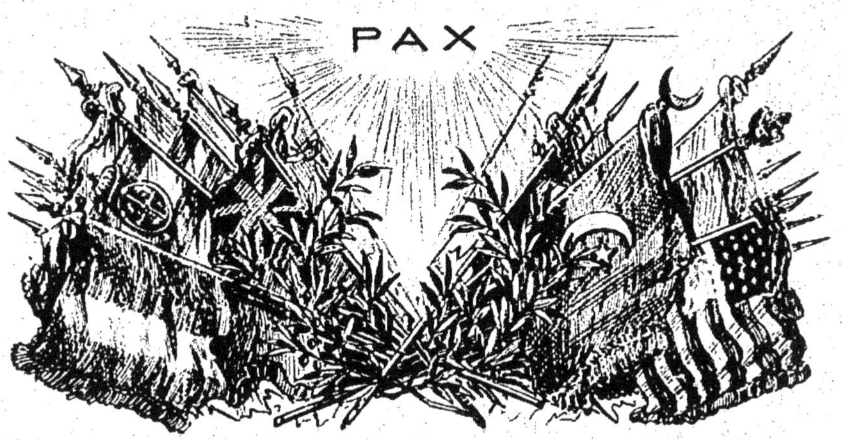


# L'AGE D'OR

## CONFÉRENCE SUR L'AVENIR

Faite à Charlestown, le 1er Avril 1888

PAR

## Le Docteur HUMBERTSON

MEMBRE DE PLUSIEURS ACADÉMIES

—

**Traduction de M. X***, Officier de Marine**

—

Prix : 1 Fr. 50

—

PARIS

H. OUDIN, LIBRAIRE-ÉDITEUR

17, rue Bonaparte, 17

—

1888

# NOTE DU TRADUCTEUR

Expliquer le passé de l'humanité, même celui qui date d'avant l'Écriture et qui n'a point laissé de monuments, n'est plus qu'un jeu pour les savants d'aujourd'hui ; ils prédisent maintenant les phases de son avenir comme celles des orbites des astres, et établissent des calculs sur les idées, les actes et les sentiments humains, comme sur des quantités algébriques que l'on peut traiter par des formules abstraites.

L'homme n'est pour eux qu'un groupe de forces qui s'agite d'après les lois de la mécanique, et qui n'a pas d'autres destins et d'autres devoirs que de leur obéir en suivant la direction qui résulte de leurs impulsions combinées. Un Américain humoriste a cru ne pouvoir faire une meilleure critique de ces théories que d'en tirer leurs conséquences logiques, et il a déguisé ses objections sous l'apparence de l'éloge et de l'approbation, dans une séance qui a eu quelque retentissement et que nous avons cru devoir présenter aussi quelque intérêt à des lecteurs français.

L'imagination du conférencier a eu d'ailleurs beaucoup moins à faire en cette circonstance pour user de ce procédé que ne pourraient le croire les personnes qui n'ont pas encore suivi les débats établis sur ces questions, car les hardiesses qui peuvent le plus étonner dans les doctrines et principes qu'il a présentés à ses auditeurs sont toutes plus ou moins implicitement contenues dans les écrits ou les discours des écrivains de l'école évolutionniste.

—————

# L'AGE D'OR

CONFÉRENCE DU DOCTEUR HUMBERTSON

« L'âge d'or n'est point un rêve des poètes, mais une
« prévision des savants ; il n'a pas existé dans le passé ;
« c'est dans l'avenir qu'il se produira. L'évolution, ré-
« sultat et synthèse du mouvement universel, nous y
« conduit, lentement peut-être, mais sûrement. »

Telle est l'affirmation qui résulte de l'ensemble des
progrès modernes dans toutes les sciences, c'est-à-dire de
la juste interprétation des phénomènes de la nature et de
l'histoire des êtres vivants.

Cette assurance est certainement bien plus agréable
pour nous que la croyance vulgaire qui a toujours montré
cette ère merveilleuse dans un lointain passé qui ne doit
plus revenir, et qui veut que nous nous éloignions de
plus en plus de l'heureux état dans lequel la nature nous
aurait placés tout d'abord.

Il ne faut pas, il est vrai, nous représenter l'âge d'or
tout à fait comme le faisait l'imagination de nos pères ; le
lait et le miel ne couleront pas dans les ruisseaux, mais
le bon vin et l'ale, bien plus appréciés, seront à la portée

de tout le monde ; les loups et les agneaux ne s'embras-
seront pas ; mais les loups auront disparu, et les agneaux
seront plus abondants et peut-être plus gras qu'aujour-
d'hui. En un mot, le bien-être sera plus général, et on
approchera de ce résultat précieux, que les hommes
n'ayant plus à se disputer le nécessaire ni même le confortable, vivront en paix et n'auront entre eux que de
bons procédés, comprenant qu'il y a plus à gagner à
s'entr'aider qu'à se combattre et à se nuire.

Il serait, du reste, extrêmement présomptueux et
antiscientifique de prétendre préciser les conditions de
bonheur qui conviendront le mieux à nos arrière-neveux
et les moyens de plaisir dont ils disposeront. Tout ce que
nous pouvons prévoir, c'est qu'à de nouvelles sources de
jouissance enfantées par les progrès de la civilisation se
joindront une heureuse modification des caractères et un
développement des sentiments de bienveillance, qui produiront un état de contentement habituel et effaceront
peu à peu tous les sentiments de haine et d'antagonisme
qui troublent aujourd'hui le bonheur de l'humanité.

Mais, peut-être, allez-vous me demander d'où peut venir
la confiance de ceux qui nous prédisent ces merveilleux
changements ? Rien n'est plus facile que de vous le faire
voir. Sans même avoir de grandes connaissances en mathématiques, tout le monde comprend que la plus petite
portion tracée d'une ligne droite ou d'une courbe régulière suffit à en déterminer la direction, quelque loin
qu'on puisse la prolonger ; ainsi, le commencement de la
trajectoire d'un projectile, c'est-à-dire du chemin qu'il a
parcouru, permet de deviner tous les points par où il pas-
sera, s'il n'est point dérangé par de nouvelles forces. Eh

bien, le développement de l'humanité, étant produit par des causes permanentes, peut être comparé à une de ces lignes dont le tracé suit des lois connues; et, malgré quelques irrégularités accidentelles, ces lois doivent conserver leur effet. Le passé peut donc nous dévoiler les principales conditions de l'avenir. Il est prouvé d'ailleurs aujourd'hui que les événements qui semblent le plus indépendants des forces matérielles sont eux-mêmes soumis à des lois mathématiques, et qu'on a trouvé, par exemple, des relations régulières entre les chiffres des crimes ou de certains actes spéciaux qui s'accomplissent dans chaque pays pendant un temps donné; et si on n'est pas encore arrivé à prédire ces sortes de faits avec précision, nos savants savent du moins expliquer très habilement, après qu'ils se sont produits, qu'on devait s'y attendre. Rien n'est donc plus certain que la possibilité de prévoir où nous conduit la marche de l'humanité.

Depuis que l'illustre Darwin a si admirablement exposé le principe de la transformation des espèces par l'effet de la lutte pour l'existence, la croyance à l'action souveraine et universelle de l'évolution, c'est-à-dire à une marche continue de tous les êtres vers un état de plus en plus parfait, ne trouve presque plus d'adversaires. Si des témoignages directs et positifs lui font défaut sur certains points, la logique et surtout la portée philosophique de cette grande conception triomphent dans tous les esprits indépendants des objections qu'on peut lui opposer. Ainsi que l'a dit un philosophe dont j'ai beaucoup à vous parler aujourd'hui : « Nous pouvons assister maintenant, grâce à cette théorie, à la genèse de toutes choses. » De même, en effet, que l'astronomie et la géologie nous montrent les astres et le globe sur lequel nous vivons, se formant par la concentration des atomes épars dans l'immensité et se modifiant tous les jours, l'histoire naturelle reconnaît dans tous les phénomènes organiques l'action des mêmes causes, et elle retrouve dans le passé la généalogie de tous les êtres vivants. Elle nous fait suivre pas à pas le travail continu qui d'éléments minéraux a formé les premières cellules et a fini par tirer de celles-ci une plante, un animal et un homme.

Le mérite de Darwin a été surtout de signaler la cause, en apparence inexplicable, qui a poursuivi de génération en génération le progrès si merveilleux des organismes et a pu créer, sans le secours d'aucune direction intelligente, les organes si parfaits et les fonctions si complexes que présentent beaucoup d'entre eux. Cette cause, c'est la sélection produite par la lutte pour l'existence, et je vais vous rappeler en quelques mots comment elle peut produire de tels résultats.

La terre ne pouvant nourrir qu'un nombre limité d'organismes, la plupart de ceux qui naissent périssent sans avoir atteint leur développement complet, et il est clair que si quelques individus se trouvent posséder un avantage quelconque sur les autres sujets de leur espèce, ils auront plus de chances de vie, leurs descendants se multiplieront plus facilement, et au bout d'un certain temps finiront par subsister seuls. Leur espèce se trouvera donc douée de la modification qui les a protégés. A cette modification peut s'en ajouter une autre, et il se produit de cette façon une suite de perfectionnements qui se fixent par les mêmes causes. C'est ainsi que les premiers appareils rudimentaires des sens ont atteint peu à peu une précision merveilleuse en conservant toutes les modifications de structure qui se montraient favorables aux fonctions qu'ils remplissaient; et on peut affirmer que le règne animé est constamment en voie de progrès par le seul fait que les êtres les mieux doués résistent là où périssent les faibles.

Toute condition qui peut être avantageuse dans quelques circonstances particulières, suffit donc à assurer l'existence d'une famille, et par suite, la formation d'une espèce ou d'un genre, en déterminant des variations dans un ou plusieurs organes; et cela explique la prodigieuse variété de formes et de facultés que présente le monde organique. En effet, les qualités les plus opposées peuvent être également utiles et s'accuser de plus en plus par la lutte pour la vie. Aucun détail n'est indifférent.

La sobriété aide à vivre aussi bien que la force et l'adresse; l'écaille protectrice de la tortue l'a dispensée d'avoir des armes et de l'agilité; et le lapin a vu sa faiblesse compensée par sa fécondité, ses longues oreilles qui l'avertissent du danger, et même, comme nous l'a appris Darwin, par sa petite queue blanche et relevée qui lui sert de guidon pour conduire la nuit sa famille au pâturage. Les couleurs sombres de certains papillons les ont aidés à échapper à la destruction dont la voracité des oiseaux les menaçaient; et les couleurs brillantes des autres ont facilité leur multiplication en aidant à la réunion des mâles et des femelles.

Rien n'échappe, comme vous le voyez, aux ressources de cette théorie et à la souplesse de ses explications. Voulez-vous un exemple de ce qui s'est passé pour notre espèce?

Il fut un temps, on n'en saurait douter, où les hommes ont dû être aussi abondamment couverts de poils que les singes qui étaient leurs parents assez rapprochés. A cette époque reculée, les professions de tailleurs et de couturières n'étaient point encore pratiquées ; mais aussi la phthisie, les douleurs rhumatismales et beaucoup d'autres maladies, conséquences de nos précautions artificielles, étaient probablement inconnues. Il semble donc tout d'abord que nos aïeux n'avaient pas grand chose à gagner à se dépouiller de leurs fourrures et à se trouver tout nus ; mais cette modification a certainement commencé à s'accomplir dans des régions excessivement chaudes, et les inconvénients qu'elle pouvait avoir ont pu être moindres que ses avantages. Les transformistes nous apprennent que les premiers individus qui se sont trouvés exceptionnellement moins velus que les autres ont dû plaire davantage à leurs jeunes compagnes et ont obtenu ainsi une postérité plus nombreuse. Peut-être ont-ils été doués en même temps de quelque condition de vitalité supérieure qu'ils ont aussi transmise à leurs descendants, et en définitive ceux-ci ont fini par constituer le type régulier de l'espèce. Il a suffi ensuite de persévérer dans cette voie pour que la transformation devînt complète. Sans doute, il a fallu que les mêmes circonstances se représentassent souvent, et que le même travail d'épuration se continuât pendant bien longtemps pour remplacer la vilaine et rude peau des guenons par le satin blanc et délicat qui fait maintenant le charme des filles de l'Angleterre et de notre belle patrie. Il a été nécessaire pour cela que la postérité de tous les récalcitrants s'éteignît, que les préférences féminines fussent bien constantes, et que pendant d'innombrables générations le même goût persistât et les mêmes faits se reproduisissent; mais le monde est très vieux, notre passé remonte très loin, et peu importe dans l'immensité des âges la lenteur d'un procédé et la durée du temps qu'il exige.

C'est d'ailleurs en suivant un processus semblable et une marche identique que se sont développées nos facultés intellectuelles aussi bien que nos qualités physiques; l'avantage apporté par chaque progrès partiel faisant bientôt disparaître tous les individus qui n'y participaient pas. Les sentiments de moralité, qui ne sont autre chose que les instincts nécessaires aux relations avec nos semblables, proviennent, comme tous les autres, d'habitudes plus ou moins utiles pratiquées par nos ancêtres et devenues héréditaires; ils doivent donc aussi se perfectionner en s'adaptant à une nouvelle manière de vivre et à de nouveaux besoins créés par les progrès de la civilisation.

Auprès de ce qui s'est fait dans le passé, ce qui reste à faire est bien peu de chose, et il n'y a aucune raison pour nous faire douter que le mouvement ne se continue. Nous devons donc être certains que l'état actuel de l'humanité est destiné à s'améliorer en suivant la même voie et la même impulsion qui nous ont amenés au point où nous sommes.

Remarquons ici que l'homme n'est arrivé à occuper le premier rang parmi les êtres animés, que par la vie en société. C'est elle qui l'a transformé, qui a développé son intelligence, qui a fait sa force et qui lui a donné toutes ses jouissances. L'homme isolé est probablement, à égalité de taille, le plus faible des animaux; et sans le concours continuel de ses semblables, il serait l'un des êtres les plus misérables de l'univers.

Il n'y a pas à contester cela, en disant qu'un chasseur seul peut, dans les forêts de l'Afrique, se mesurer avec le lion ou l'éléphant ; car, s'il n'avait pas les ressources de l'industrie, il n'aurait ni fusil ni une arme quelconque, il serait obligé de fuir devant des animaux bien moins redoutables que ceux-là, il vivrait de fruits et de racines et n'aurait pour abri que les cavernes ou les broussailles. Vous serez, je pense, de mon avis, si je dis qu'il est plus agréable d'habiter une maison confortable, de marcher sur des tapis, d'avoir un bon cuisinier, de s'occuper d'affaires, de politique ou d'art pendant la journée, et d'entendre le soir Nilsson ou Sarah Bernhart. Ce n'est pas là, il est vrai, le sort de tout le monde ; mais tous peuvent espérer y arriver dans un pays civilisé quelconque. Ce que l'évolution devra donc développer le plus en nous, ce sont les aptitudes favorables à la vie sociale, qui seule permet l'expansion et la satisfaction de nos facultés les plus élevées.

Cette aptitude laisse encore beaucoup à désirer, ainsi que le prouvent les aimables procédés que nous continuons à avoir d'homme à homme et de peuple à peuple ; mais le progrès à cet égard n'est pas aussi difficile à obtenir que vous pouvez le supposer au premier abord, car il sera singulièrement aidé désormais par la révolution qui est en train de se faire dans la morale.

Quoi ! La morale peut-elle être changée ? disent sans doute beaucoup d'entre vous. N'est-elle pas absolue, immuable et parfaite dès aujourd'hui, et peut-on faire mieux que de tendre vers l'observation complète de ses préceptes ?

Ne vous effrayez pas, Mesdames et Messieurs, une réforme à ce sujet est une chose beaucoup moins hardie et nouvelle que vous ne le croyez.

Sans parler d'Épicure, si mal compris et si calomnié depuis l'antiquité, plusieurs philosophes très considérés du siècle dernier, Hobbes, Helvétius, Bentham et bien d'autres depuis, ont reconnu combien les notions généralement admises sur la morale étaient erronées; ils ont enseigné les vrais principes qui doivent lui servir de base, et montré qu'on ne pouvait la laisser s'immobiliser pendant que tout change autour d'elle. Mais, ignorant la grande loi de l'évolution et manquant de confiance dans les destinées de l'humanité, ils redoutaient toute modification importante dans nos mœurs; et quoique critiquant les opinions sur lesquelles elles sont réglées, ils en conservaient presque toutes les conséquences.

Nous devons à Herbert Spencer et à quelques autres philosophes anglais contemporains une tentative de réforme à la fois plus radicale et plus rationnelle, et il n'est pas douteux qu'elle n'ait une influence considérable sur la marche de la civilisation et le sort de l'humanité.

Vous savez tous que la science se vante aujourd'hui d'avoir enfin pénétré le mystère de l'existence de l'univers et de connaître la cause de tout ce qui s'y produit. La matière qui est éternelle a toujours existé, et ses mouvements sont la source unique des forces de tous genres que nous observons. Tout ce qui se passe sur la terre comme dans les astres est donc régi par les lois de la mécanique, et l'apparition d'une étoile nouvelle, l'éclosion d'une fleur, le mouvement que fait un animal, ou la pensée qui se forme dans un cerveau humain sont également les résultats des mouvements des atomes qui n'ont pas cessé de se succéder depuis l'éternité et qui réagissent les uns sur les autres comme ceux des gouttes d'eau de l'Océan.

Les phénomènes et événements qui se produisent à chaque instant sont des conséquences régulières et inévitables des phénomènes et événements antérieurs, car aucune force ni aucune matière ne se crée à nouveau ou ne peut se détruire ; et l'idée d'un créateur ou d'un pouvoir surnaturel quelconque n'est plus considérée par la nouvelle école que comme une conception de l'humanité dans son enfance qu'il est inutile de conserver.

Les physiologistes affirment en outre que les actes intellectuels ne sont que des mouvements ou modifications des cellules cérébrales, comme les sensations ne sont que des modifications des cellules nerveuses, et que par conséquent l'âme n'existe pas indépendamment de la matière et n'est que l'ensemble des activités du cerveau. L'organe de la pensée est donc un mécanisme comme tous les autres, et la volonté n'est qu'une des particularités de son travail qui est produite par des rouages spéciaux ; ou, pour être plus précis, je vous dirai que d'après les observations les plus récentes, elle consiste chez l'homme dans un courant nerveux qui se forme dans la substance corticale du cerveau et passe des cellules sensitives aux cellules motrices. La formation de ces courants dépend uniquement de l'état des cellules et des influences exercées sur elles par les choses externes ou internes. L'apparente indépendance de notre volonté n'est donc qu'une illusion ; nos hésitations et délibérations proviennent de la multiplicité des réactions qui se produisent dans les tissus de l'organe cérébral et de l'inconstance des courants en conflit qui résultent des sensations, des pensées qui nous occupent, des idées ou sentiments qui existent déjà en nous, et de toutes les autres forces qui agitent ou modifient les tissus de la matière grise.

Permettez-moi de vous rendre ceci plus sensible par une application à un exemple supposé.

Imaginons-nous que deux dames sortant de cette réunion entrent dans un magasin de King Street et veuillent acheter des étoffes pour leur toilette. Il y en a un grand nombre qui leur plaisent tellement, que le choix devient fort difficile. Elles sont longtemps sans qu'aucune volonté prépondérante se fasse sentir. Cela vient de ce que plusieurs courants absolument égaux se sont formés dans les cellules sensitives et aucun n'est assez fort pour repousser les autres et transmettre son impulsion aux cellules volitives. Enfin, l'une des deux dames se sent entraînée par la beauté d'un de ces articles ou par quelque considération accessoire, telle que le bon effet que produira cette étoffe avec un vêtement qu'elle possède déjà, et elle se décide. Son amie est au moment de se laisser entraîner par son exemple qui a produit une force nouvelle à l'appui du goût qu'elle commençait déjà aussi à prendre; mais une idée traverse son cerveau, et elle se souvient de la résolution qu'elle avait prise de ne pas dépasser un certain prix pour son emplette, parce qu'elle veut contribuer pour une somme importante à certaine œuvre de bienfaisance. Elle s'arrête donc, choisit une étoffe plus modeste, en dépit des sollicitations du marchand et des instances de sa compagne, et envoie l'argent économisé à l'œuvre en question.

Que penserons-nous de ces deux décisions ? L'une, sans doute, la dernière, nous semble beaucoup plus méritoire, parce qu'elle indique que le plaisir de faire du bien l'emporte sur une satisfaction toute personnelle; mais si nous examinons ce fait, à la lumière de la science et de la raison, nous sommes bien forcés de reconnaître que la seconde acheteuse, aussi bien que la première, n'a fait que subir une pression irrésistible qui est venue faire pencher la balance de son jugement jusqu'alors indécise dans son équilibre. Le projet préconçu de contribuer à une œuvre de bienfaisance avait produit dans son cerveau l'effet d'un ressort qui restait inactif tant que la pensée ne le mettait pas en action, mais qui s'est détendu dès qu'il a été touché. En résumé, aucune de ces deux dames ne pouvait agir autrement qu'elle ne l'a fait, et aucune n'est plus responsable de son choix et de son goût que d'être l'une blonde et l'autre brune.

Mais, direz vous : le mérite est alors d'avoir pris à un moment antérieur cette résolution charitable qui opère maintenant son effet. Non, il n'y a pas plus eu de mérite à ce moment-là qu'à un autre. La résolution est venue de ce que les circonstances ont attiré l'attention de cette dame sur des misères à soulager et de ce qu'elle est née avec un cœur compatissant. C'est une heureuse disposition qu'il faut seulement attribuer à sa nature.

Le combat des influences contraires dont notre pensée est le théâtre, nous fait croire faussement que nous sommes maîtres de choisir nos décisions, et nous prenons pour un acte libre l'impulsion qui finit par l'emporter; mais celle-ci n'est que le contre-coup d'autres impulsions et la résultante inévitable de conditions précises. « La liberté, ainsi que l'a dit un romancier, est une soumission qui s'ignore, » et bientôt cette vérité universellement comprise exercera sur nos mœurs une influence qu'il est facile de prévoir. Aujourd'hui, elle n'est encore qu'une théorie scientifique abstraite, connue seulement des hommes d'étude et des philosophes qui n'en tirent dans la pratique aucune conséquence, et qui, la plupart du temps, continuent à agir et même à penser comme s'ils l'ignoraient. Je pourrais vous citer comme exemple ce littérateur français d'un grand talent, penseur et même historien distingué, qui a si hardiment affirmé cette doctrine, qu'il s'est fait d'abord une réputation de loup-garou pour avoir écrit que la vertu et le vice étaient des produits organiques comme le sucre et le vinaigre; et cependant, dans des études historiques publiées depuis, il se montre juge aussi sévère envers les hommes dont il parle que s'il eût dépendu d'eux d'être autres que ce qu'ils ont été; et il les blâme ou les loue comme s'ils étaient causes des événements dans lesquels ils ont figuré.

Cela prouve que rien n'est plus difficile que de secouer le joug des préjugés et des habitudes d'esprit inculquées par l'éducation; mais lorsque plusieurs générations se seront succédé en enseignant les vérités nouvelles, et que les conséquences de celles-ci seront entrées dans les habitudes mentales, la pensée et la conduite en seront constamment influencées, et les sentiments qui en résulteront produiront dans les cerveaux des modifications qui deviendront héréditaires, ainsi que nous l'apprend la doctrine transformiste, et qui, par conséquent, régleront instinctivement les actions.

Pour nous figurer ce que sera ce nouvel ordre d'idées

et de choses, il faut nous transporter par la pensée à un intervalle suffisant dans l'avenir pour concevoir une société dans laquelle l'écho même des erreurs qui nous dominent aujourd'hui sera à peine parvenu, de sorte qu'elles n'auront pas plus d'action sur les jugements des hommes de ce temps, que la mythologie des Grecs ou le système astronomique de Plotémée n'en ont de ce moment pour nous en religion ou en cosmographie; et elles ne seront plus connues que comme des curiosités de l'histoire de l'esprit humain. Dans ce temps-là, on ne s'inquiétera pas plus d'obéir aux ordres prétendus d'un créateur imaginaire que nous ne nous préoccupons maintenant de plaire ou de déplaire à Jupiter et à Bacchus; et personne ne se fera l'illusion de croire que ses actions ou celles de tous les hommes aient une autre valeur que leur utilité ou leur agrément.

Il ne viendra pas plus à l'idée d'en vouloir à quelqu'un de ses vices ou de son mauvais caractère que d'avoir un tempérament maladif, d'être boiteux ou disposé aux rhumes de cerveau; mais on cherchera à le guérir.

Ne croyez pas surtout, malgré quelques apparences, que cette manière de juger nous amène à ce fatalisme que l'on attribue aux musulmans, et qui, s'il était rigoureusement admis, entraverait complètement l'activité humaine. Celui qui croit à cette dernière doctrine pense que la volonté divine a décrété les événements en eux-mêmes sans les faire dépendre les uns des autres. Le feu prend-il à un de ses meubles, il se dit : « S'il est écrit que ma maison doit brûler, je ne saurais la préserver ; si elle ne doit pas l'être, je n'ai rien à craindre, et de toute façon il n'y a rien à faire. »

Par la même raison, s'il se trouve dehors avec une forte averse, quoique muni de son parapluie, fidèle à ses principes, il devrait se dire : « A quoi bon l'ouvrir ! si je dois être mouillé, rien ne pourra l'empêcher. » Mais en réalité, il ne fait pas ces réflexions, et son fatalisme n'apparaît que lorsqu'il s'agit de faire quelque chose qui demande trop d'efforts, ou bien lorsqu'il est embarrassé de prendre une décision et qu'il est bien aise de s'en remettre au hasard.

Au contraire, le déterministe, qui voit partout le travail régulier des forces de la nature, croit que tout acte a des conséquences ; que tout phénomène a des suites forcées, et que tout ce qui arrive est produit par ce qui a précédé. Il sait donc que s'il étouffe le feu à ses débuts, il empêchera l'incendie. Cette pensée agit comme cause déterminante sur certaines fibres motrices de son cerveau et produit les mouvements nécessaires pour appeler au secours, prendre de l'eau et la jeter sur l'objet enflammé.

La considération de l'influence des idées sur les actes et de la liaison des événements entre eux, loin d'entraver l'énergie et l'activité, est un stimulant constant ; et celles-ci s'exerceront bien plus encore quand nous serons dégagés des entraves que nous a imposées jusqu'ici la croyance à notre responsabilité morale.

Le grand apôtre évolutionniste allemand, Hœckel, a dit que la connaissance de l'origine de l'homme et de sa place véritable dans l'œuvre de la nature sera la découverte la plus féconde qu'ait fait jusqu'ici l'humanité. Cela vous étonne sans doute, mais j'espère vous faire bientôt entrevoir la justesse de cette assertion.

Un autre savant, Huxley, aussi profond comme philosophe que comme naturaliste, a comparé l'influence des systèmes scientifiques sur l'esprit humain, à l'effet de la carapace des crustacés ou de l'enveloppe cutanée des chenilles, qui, ne pouvant s'accroître comme le corps de ces animaux, empêcherait leur développement, si elles n'étaient rejetées de temps en temps pour permettre qu'ils poursuivent leur évolution. C'est ainsi que l'abandon de nos anciens préjugés facilitera un nouvel essor de la civilisation.

La réforme qui doit résulter de l'application des doctrines et méthodes scientifiques à la morale pratique, consistera spécialement à nous débarrasser de toute idée de devoir absolu non-seulement envers Dieu, mais envers la société et nos semblables en général. Tous les êtres animés et inanimés sont sur la terre au même titre, et aucun d'eux ne doit rien aux autres d'une manière absolue; mais tous les hommes ont besoin les uns des autres. La vraie morale consistera donc, non pas à nous imposer des obligations en vertu de quelque principe abstrait, mais à pratiquer la conduite la plus avantageuse dans l'échange des services que nous avons à nous rendre mutuellement.

Pris dans un sens absolu, les mots *droits* et *devoir* expriment les résultats de deux situations réciproques que crée un contrat entre deux parties. Nos devoirs sont les obligations que nous avons contractées, et nos droits sont les obligations des autres envers nous.

Aucune puissance surnaturelle ne nous ayant rien imposé, l'homme n'a donc pas de devoirs intrinsèques, mais tout individu recevant certains bienfaits de la société, celle-ci peut décider que chacun doit aux autres les mêmes procédés que ceux dont il bénéficie.

Elle n'a même pas à tenir compte des protestations des philosophes qui prétendraient ne pas se soumettre à ses lois en alléguant qu'ils ne les ont pas consenties; car l'exception doit être subordonnée à la généralité, et l'intérêt de celle-ci est la seule règle raisonnable à suivre. La société ne doit pas non plus se considérer comme désarmée par l'irresponsabilité morale des individus, bien qu'elle la reconnaisse en principe. Elle ne se préoccupe, en effet, de châtier la perversité que pour empêcher les actes nuisibles, et rien n'est plus propre que le code pénal à faire naître une salutaire répugnance pour eux dans tous les cerveaux.

Délivrés de toute inquiétude au sujet d'une vie future, de tout scrupule en ce qui concerne la dépendance d'une puissance surnaturelle, nos descendants auront donc une facilité bien plus grande que nous pour travailler à leur bonheur sur la terre.

Que peut-il y avoir de plus agréable que de ne redouter ni le blâme des autres ni les tracasseries de sa conscience? La pensée qu'il aurait dû ou pu agir mieux qu'il ne l'a fait, n'est-elle pas un tourment incessant pour l'homme d'aujourd'hui qui croit avoir à obéir à des ordres venus d'en haut et qui pense qu'il ne dépendait que de lui de s'y conformer? Le spectre de prétendus devoirs n'est-il pas une cause de gêne et d'assujettissement qui nous détourne souvent de nos véritables intérêts? La science nous a donc rendu un service signalé en nous en débarrassant pour toujours.

Nous pouvons maintenant poursuivre avec Herbert Spencer la recherche des règles qui sont appelées à gouverner la conduite des hommes de l'avenir.

Pour tout individu qui ne pense pas avec les pessimistes que la vie n'est qu'un fardeau indigne de nos préoccupations et qu'elle ne vaut pas la peine d'être conservée, il est évident que le but de la conduite ne peut être que l'emploi le plus complet possible de nos facultés et la possession de toutes les jouissances qui en résultent. Aussi, arrive-t-on logiquement à reconnaître que l'homme le plus parfait, « le plus absolument moral », est celui chez lequel les fonctions de tous genres sont remplies de la façon qui convient le mieux aux conditions de son existence.

Si, dans le passé, les peuples, même les plus civilisés et les plus éclairés, ont donné à la morale d'autres règles, c'est qu'ils étaient tous sous l'influence d'idées religieuses et de préjugés provenant de ce qu'on a l'habitude de confondre un caractère très fréquent dans les actes que l'on veut encourager avec leur caractère essentiel qui est l'utilité. Ce caractère fréquent mais nullement obligé, c'est de demander le sacrifice de son attrait actuel et de son bien personnel immédiat à des considérations plus élevées, telles que le bien des autres ou le sien même, mais dans un temps plus éloigné et d'une façon plus durable.

A la longue, on a pris l'accessoire pour le principal, et c'est cette condition de la difficulté vaincue ou de la contrainte de la passion du moment qu'on a cru devoir constituer l'essence même de la moralité. Mais cette erreur doit être dissipée aujourd'hui; et le mérite des moralistes nouveaux est de montrer qu'il y a mieux à faire que de rester dans cette glorification stérile du désintéressement et de l'abnégation qui deviennent de moins en moins utiles à mesure que la civilisation progresse.

Rien n'est plus facile à constater que la liaison qui existe entre le bien-être corporel et l'exercice des facultés intellectuelles. Une bonne santé, un estomac et un cœur satisfaits engendrent un bon caractère et facilitent les travaux de l'esprit. Une humeur joyeuse soutient les forces. Aussi bien pour jouir de l'existence que pour être utile aux autres, il faut donc commencer par éloigner la souffrance et rechercher tout ce qui est agréable. Spencer fait très justement remarquer qu'un étudiant ou un ouvrier qui se rend les yeux malades en travaillant trop, se fait autant de tort que s'il perdait tout son temps au cabaret ; et peut-être, même, le mal est-il plus grand dans le premier cas, parce qu'il est plus durable, tandis que dans le second un changement de conduite peut tout réparer immédiatement. Il n'hésite pas non plus à déclarer qu'un homme qui se casse la jambe en se précipitant pour secourir quelqu'un ou éteindre un incendie est aussi absurde et répréhensible que s'il s'attirait le même accident en se grisant et dégringolant dans un escalier.

Je vous l'ai dit : plusieurs philosophes, avant Spencer, avaient montré déjà que les opinions généralement enseignées sur la moralité des actes étaient la source de beaucoup d'abus et nous entretenaient dans une fausse voie ; mais aucun, dans les temps modernes du moins, n'avait aussi bien précisé les erreurs à combattre et les points à réformer. Les préceptes pratiques étaient restés comme des fétiches sur lesquels personne n'osait porter la main. A lui, revient l'honneur, si ce n'est de nous avoir montré une nouvelle voie, du moins d'y avoir fait les premiers pas.

Ainsi, la science et la philosophie modernes en reviennent à adopter, avec le déterminisme des Stoïciens, la morale d'Epicure et sa conception de la formation du monde indépendante de toute puissance divine. Les principes de conduite qui en résultent sont les mêmes que les siens : « Le plaisir est le but de la vie ; les vertus et les facultés de tous genres n'ont de valeur que pour les satisfactions qu'elles procurent. » Un seul problème reste à résoudre : c'est d'accorder les intérêts de tous, de procurer le plus de plaisir possible au plus grand nombre. Mais les difficultés de ce programme seront surmontées, comme l'ont été toutes les autres dans le cours de l'évolution organique, par la puissance de la lutte pour l'existence, qui finit toujours par faire triompher ce qui possède le plus de conditions de durée, c'est-à-dire ce qui est le mieux approprié à son destin.

Chercher la sagesse dans la résistance à nos instincts qui ne sont que l'expression de nos besoins, c'est une erreur, une absurdité que le sens pratique des générations futures saura repousser. L'irréfutable logique de cette doctrine contredit donc impitoyablement les naïves déclamations des moralistes allemands ou français qui se croient des novateurs, et qui, ne changeant rien aux règles de conduite adoptées, ne font que substituer aux traditions religieuses qui leur servaient de sanction le mince appui des encouragements de la raison ou plutôt de leurs propres conseils.

On ne peut pas être plus inconséquent.

Demander aux hommes de s'astreindre à des sacrifices dont ils n'ont personnellement aucun avantage à tirer, et de comprimer leurs passions uniquement parce que cela est conforme à une théorie savante et que la postérité s'en trouvera bien, c'est s'exposer à un échec certain. Le sentiment qui peut seul provoquer un progrès constant et par lequel l'humanité peut être en même temps guidée et entraînée dans son travail de perfectionnement, il ne faut pas craindre de le dire : c'est l'égoïsme.

Il est le plus vivace, le plus clairvoyant et le plus utile de nos instincts. C'est lui qui protège notre existence et qui, à travers les âges, a conduit notre espèce comme toutes les autres dans la voie la plus profitable. L'histoire le prouve aussi bien que la raison ; c'est lui qui a répandu la civilisation en Europe, en poussant jadis un petit groupe de brigands à soumettre l'Italie et à asservir plus tard les autres peuples dont il s'est trouvé avoir été le bienfaiteur en ne voulant que les exploiter. C'est lui aussi qui excitait, il y a un siècle, nos ancêtres établis sur la terre d'Amérique, à se révolter contre les exigences de la mère patrie, exigences fort préjudiciables pour eux, mais que les Anglais trouvaient très avantageuses de leur imposer, et qui, par cet acte, qui n'avait cependant rien de commun avec l'abnégation, a déterminé la formation de notre glorieuse nation, dont l'influence bienfaisante s'étend déjà sur le monde entier. Vous le voyez, l'égoïsme a à son actif dans le passé plus de bien que de mal.

Certes, je ne veux pas dire que l'on doive admirer Hugolin et condamner la mémoire de Curtius et de Winkelried ; mais on doit reconnaître que la plupart du temps les sacrifices sont inutiles, et ils le deviendront de plus en plus dans l'avenir. Déjà, actuellement, la charité et la bienfaisance sont souvent plus nuisibles qu'utiles. Vous soulagez un enfant abandonné dont la souffrance vous attriste; mais, en faisant cela, vous êtes cause que plusieurs pères ivrognes et paresseux qui en sont témoins vont abandonner les leurs. Si vous montrez de la pitié pour un voleur dont la famille vous inspire de l'intérêt, vous êtes cause que d'autres vols se commettront. Spencer a signalé plusieurs institutions ou lois imaginées pour protéger les faibles ou les victimes du vice, et qui ont pour résultat de multiplier les crimes et de favoriser les gens pervers, au point de mettre un véritable obstacle au progrès social. Le dévouement des gens vertueux devient, dans plus d'un cas, une duperie, et il ne tend à rien moins qu'à sacrifier leurs intérêts à ceux des criminels. Ce n'est donc pas sans une étude approfondie que ce clairvoyant penseur a été amené à proclamer l'égoïsme comme bien plus apte à servir les intérêts généraux de l'humanité que l'altruisme qui est la passion de se sacrifier au bonheur des autres. Il a même pris la peine de démontrer qu'en dépit des opinions classiques et des sentimentales aspirations des âmes tendres, cette dernière inclination était tout à fait impropre à servir de principe à la conduite d'une société qui veut marcher vers la perfection, par la raison qu'elle devient de moins en moins utile à mesure que le sort des hommes s'améliore, et qu'elle n'aurait plus aucun emploi si on arrivait à un état de bonheur complet.

Rien ne serait plus ridicule, en effet, que de voir les hommes voulant se dévouer les uns aux autres et malheureux de n'en plus trouver l'occasion. On ne saurait contredire non plus cette juste remarque que le bonheur de tous est fondé sur celui de chacun en particulier, et que si quelqu'un se prive pour un autre, il n'y a rien de gagné pour la totalité.

L'égoïsme est d'ailleurs un sentiment bien plus répandu, plus constant et moins sujet à nous égarer que l'altruisme. Il semble doué par la nature d'une clairvoyance intelligente : car, tout ce qui contribue à nos fonctions nécessaires, à l'expansion de notre race et à la préservation de notre vie est en même temps un plaisir. En constatant cela, il n'y a pourtant pas à y chercher des vues providentielles et des témoignages d'un pouvoir créateur intelligent ; il faut y voir seulement ce fait, que si quelque être trouvait du plaisir à ce qui nuit à lui-même ou à son espèce, il périrait bientôt, et celle-ci disparaîtrait. C'est donc tout simplement la lutte pour l'existence qui est cause de cette harmonie entre les goûts et les besoins.

S'il s'est jamais formé des organismes chez qui elle n'existât pas, ils n'ont pu durer longtemps ; et parmi ceux qui ont vécu et prospéré, plus cette harmonie a été complète, plus leur vitalité a été assurée, et plus ils ont acquis un rôle prépondérant dans la nature.

Néanmoins, il y a pour l'homme certains excès de plaisir qui peuvent lui être fatals, et la propension à s'y abandonner est une cause de destruction ; mais c'est précisément pour cela qu'ils disparaîtront peu à peu ; et avec le temps, l'humanité finira par n'être plus composée que d'individus dont les besoins et les passions seront bien équilibrés.

Pour l'espèce humaine comme pour toutes celles qui ne vivent qu'en société, la sélection doit développer de préférence les qualités favorables à cette condition dominante de son existence, plutôt que celles qui ne profitent qu'à l'individu isolé ; et l'égoïsme est obligé de prendre chez elles un caractère plus compliqué. A l'instinct brutal, violent et exclusivement personnel de l'être qui vit solitaire, doit succéder chez celui qui a une famille, un sentiment qui englobe sa compagne et sa progéniture ; et si des animaux vivent réunis en troupeaux, un instinct de défense commune et de participation aux intérêts généraux vient s'y associer.

A mesure que les associations s'accroissent et s'étendent, ces sentiments doivent se compliquer et se perfectionner, afin de devenir profitables à un plus grand nombre et de protéger des intérêts plus variés. C'est ainsi qu'on voit, en effet, le simple instinct de se nourrir, de fuir le danger et de produire des rejetons existant chez les animaux inférieurs, se transformer chez d'autres en habileté pour chasser, s'approvisionner et se faire un abri ; puis, en soin maternels des femelles, en courage des mâles pour protéger leur famille ou même le troupeau entier, et enfin en organisation de travaux compliqués et ingénieux chez les insectes qui vivent en essaims. Quelques degrés de perfection de plus amèneront, sans doute, les hommes à ressentir pour tous leurs semblables, ou au moins pour tous ceux qui composent le même corps social, un sentiment de solidarité qui leur fera chercher le plaisir de leur être utile comme un bien personnel.

Notre naturel a, il faut l'avouer, besoin de progresser

beaucoup à cet égard, car rien ne serait plus avantageux pour le bonheur de chacun qu'une réciprocité d'affection entre tous les hommes. C'est ce que Spencer exprime en disant que l'égoïsme de l'homme de l'avenir sera complété ou perfectionné par une juste dose d'altruisme, et il est d'autant plus raisonnable de compter sur cette amélioration qu'elle ne demande pas une transformation radicale de nos sentiments instinctifs, mais seulement l'accroissement de tendances qui existent déjà, puisque, ainsi que je vous l'ai fait remarquer, l'altruisme n'est, dans bien des cas, qu'une extension intelligente de l'égoïsme embrassant dans son action protectrice tous les êtres dont nous avons besoin.

Ainsi, le sentiment de la justice, si nécessaire dans toute association ou réunion d'individus, est uniquement dérivé du besoin de défense personnelle. En voyant quelqu'un de faible maltraité ou dépouillé par un autre, on éprouve naturellement la crainte d'être un jour soi-même victime d'un abus semblable. De là, l'indignation contre l'agresseur et l'idée de se liguer pour le châtier et empêcher tout acte semblable ; de sorte que le sentiment qui n'était à l'origine que de la prévoyance pour soi-même, se transforme en sympathie pour autrui, en aversion instinctive pour ceux qui nuisent à leurs semblables, et en désir de voir chacun jouir librement de ce qui nous semble lui appartenir naturellement, comme la vie et les fruits de son travail.

Il est possible aussi que le goût de la justice soit dans l'ordre moral analogue à celui de la symétrie ou de l'équilibre dans l'ordre physique. L'un et l'autre peuvent tenir à la disposition régulière et symétrique des cellules sensitives du cerveau, qui se trouverait contrariée par des actes tout comme par des lignes ou des figures sortant de certaines règles harmoniques. Mais cette délicatesse d'impressions ne peut s'accentuer que chez des esprits cultivés et délicats, et elle ne manquera pas de se développer avec le raffinement des goûts produit par la civilisation.

Quoi qu'il soit, la culture et la transmission héréditaire de ce sentiment finira par en faire une des vertus inhérentes à la nature humaine, de sorte que les égards qu'il est avantageux d'avoir les uns pour les autres seront commandés par l'organe psycho-moteur aussi spontanément que tout ce qui concerne nos intérêts directs.

Déjà, il existe beaucoup d'excellentes gens qui sont pleins d'affection pour l'humanité entière, qui souffriraient de faire le moindre tort à un inconnu quelconque et qui repoussent instinctivement tout avantage qu'ils croient ne pas avoir mérité. Il peut y avoir excès en cela ; mais ces exemples prouvent que la nature humaine est susceptible d'acquérir cette disposition sympathique qui fait que chacun associe le bonheur des autres au sien propre. Combien la vie ne serait-elle pas rendue plus facile et plus agréable si tout le monde était ainsi fait ! Il suffirait, pour en tirer les plus admirables résultats, que cette heureuse qualité soit réglée et dirigée par des connaissances sociologiques plus étendues qu'on ne les a généralement aujourd'hui. Il est bien naturel d'espérer que cette portion privilégiée de la population finira par l'emporter sur celle qui est dominée par les instincts d'antagonisme ou d'égoïsme excessif, car la transformation est déjà commencée partiellement.

C'est ainsi qu'on voit déjà souvent les habitudes prises dans certaines professions, ou adoptées par nécessité, devenir une seconde nature et se conserver sans qu'il y ait aucune obligation de le faire. Des savants, des hommes d'affaires, pour qui le travail a été primitivement un effort pénible, des militaires, des voyageurs qui ne menaient que par force une vie active, refusent souvent de changer d'existence lorsque cela leur devient possible, et souffrent s'ils sont obligés au repos par l'âge ou par les circonstances. Il est donc évident que les peuples qui s'habitueront de plus en plus à la justice, à la cordialité, à la franchise et à tous les sentiments sympathiques finiront par pratiquer naturellement toutes les qualités qui se fixeront chez eux et deviendront héréditaires.

De même qu'aujourd'hui nous n'avons pas besoin d'un calcul d'esprit ou d'un effort de raison pour retirer la main d'un objet brûlant, pour rechercher une position commode, pour arrêter nos yeux sur un beau paysage ou sur une jolie figure, les hommes perfectionnés éviteront instinctivement les actes injustes, même les moins importants, et éprouveront du plaisir à se rendre utiles à tous leurs semblables. La cordialité régnant entre tous les individus et la paix entre tous les peuples, toute l'activité humaine sera employée en travaux productifs ou agréables qui répandront partout l'abondance et la satisfaction. Spencer nous affirme que la crainte de nuire, même à des inconnus, sera si naturelle et si puissante, que non-seulement il ne se commettra plus de crimes, mais qu'on ne verra jamais plus une fausse réclame dans un journal, une note exagérée chez un restaurateur, ni une tromperie quelconque dans le commerce. Jamais un

homme, quelque admirateur qu'il soit de la femme d'un
autre, n'aura le désir de lui faire la cour, tant il ressen-
tira vivement la peine qu'il pourrait causer au mari ; et
un voyageur installé dans un compartiment de chemin
de fer ne cherchera pas à empêcher un nouveau venu d'y
monter aussi, en faisant faussement croire, par la disposition de ses effets, que la place est gardée. Tous ces actes
antisociaux, si ordinaires aujourd'hui, sont le fruit de
l'égoïsme actuel ; mais nos petits-fils ne les comprendront
pas et s'étonneront que nous ayons été assez aveugles et
grossiers, assez ennemis de nous-mêmes pour nous
délecter dans de pareils procédés qui retombent toujours
sur leurs auteurs en vertu de la loi du talion. Leur
égoïsme plus habile ne voudra jamais faire de victimes
et leur fera comprendre qu'il y a plus à gagner à agir
tous pour chacun que tous contre chacun.

Il est vrai que ce précepte est déjà ancien, et le Chris-
tianisme recommande depuis longtemps de ne pas faire
aux autres ce qu'on ne veut pas qu'ils vous fassent ; mais
il prescrit en même temps de rechercher la souffrance et
d'éviter le plaisir, ce qui en détruit toute la logique, et
a toujours beaucoup refroidi les esprits à son égard.

Plusieurs des auteurs qui ont le plus sérieusement
étudié toutes ces questions, affirment que diverses causes
que le vulgaire ne soupçonne pas encore, contribueront
à assurer et activer cette heureuse transformation de nos
inclinations et de nos mœurs. L'une d'elles consistera
en ce que le visage et les gestes, trahissant les dispositions de l'esprit, exprimeront bien plus clairement et
plus facilement qu'aujourd'hui les sentiments éprouvés.
« On doit s'attendre, disent-ils, à ce que l'évolution, en

développant nos facultés mentales et les dispositions affectives qui existent déjà en nous, le langage de la physionomie deviendra à la fois plus expansif, plus éloquent et plus intelligible. »

La parole, elle aussi, se perfectionnera, et la voix devenue plus souple, plus musicale, plus expressive, mettra mieux qu'aujourd'hui les interlocuteurs en communication complète de sentiment. La sympathie sera plus vive et tiendra plus de place dans l'existence ; on redoutera bien plus de voir autour de soi des visages affligés, et on sera bien plus heureux du bonheur des autres.

Déjà, maintenant, notre intérêt est bien plus lié qu'on ne le pense à celui des gens qui nous entourent.

La misère de nos concitoyens nous appauvrit nous-mêmes : car il y a toujours plus ou moins obligation de secourir ceux qui sont dans le besoin, et le renchérissement suit de près la disette. La santé des autres nous intéresse aussi directement, car les malades ne produisent rien, demandent notre aide et souvent sont un danger pour notre propre vie. Cette solidarité de tous les hommes devient de plus en plus grande à mesure que les progrès de la civilisation augmentent nos relations et nos besoins.

Aujourd'hui déjà, le plus humble des objets dont nous nous servons est souvent le produit du travail des quatre parties du monde. La soie que vous portez a peut-être été produite en Chine et tissée en Europe par des hommes dont les vêtements étaient faits avec du coton d'Amérique. Une épidémie en Australie modifie le dîner de beaucoup d'Anglais, et un bill du Parlement d'Angleterre, qui peut dépendre du rhume d'un lord ou de la mauvaise humeur d'un membre des Communes, changera le prix du riz que mangent les Indiens.

Que sera-ce donc dans quelques années encore! Et il faut songer que ces conséquences de nos actes, qui nous sont aujourd'hui presque indifférentes parce qu'elles atteignent des gens très éloignés, nous toucheront bien plus vivement, quand les distances auront été encore rapprochées, que les relations seront plus fréquentes et plus actives et, qu'en un mot, toute la population de la terre sera en contact continuel. Je le répète : l'augmentation du bien-être et l'abondance produites par l'accroissement de l'activité industrielle, faciliteront considérablement le règne de l'harmonie. Vous connaissez tous le proverbe : « Quand le fourrage est abondant à l'écurie, les chevaux ne se battent pas. » De même, lorsque tous les biens de la terre, augmentés par une culture intelligente, seront suffisamment à la portée de tous les hommes; lorsque les progrès des machines auront partout adouci les rigueurs du travail; quand la science économique aura appris à ménager nos richesses, de façon que chacun en ait sa part, quelles causes de mécontentement et de querelles pourra-t-il rester?

En vérité, il paraît impossible de douter de ces heureux résultats, et pour me servir de l'expression de Spencer : « Il faut, pour ne pas y croire, avoir une conscience insuffisante des relations entre les causes et les effets. »

§

Ce que je viens de vous exposer, Mesdames et Messieurs, est le langage, sinon de la science elle-même, du moins d'une puissante école formée de savants et de philosophes nombreux qui ont fondé la doctrine de l'évolution et qui en poursuivent avec hardiesse toutes les conséquences. Mais il y a plus d'une objection embarrassante à lui faire ; et beaucoup d'esprits méfiants et sceptiques, ou timides et attachés aux anciennes idées, se refusent à interpréter les faits de la même manière et à en tirer les mêmes conclusions. Je dois vous exposer aussi leurs arguments.

Il est certain, disent-ils, que l'existence qui nous est faite aujourd'hui par les progrès de la civilisation est bien plus confortable, plus variée dans ses occupations et ses plaisirs, plus parfaite, en un mot, que celle des hommes primitifs. La pratique de la vie sociale, la culture de l'intelligence et les efforts de l'industrie ont transformé les habitudes de notre espèce et nous ont donné des goûts et des satisfactions que ne connaissaient pas nos aïeux. Nous sommes, sans doute, très heureux de posséder des banques, des constitutions, des théâtres, des agents de police, des magasins de confections, des chemins de fer, des allumettes phosphorées et des sommiers élastiques, au lieu de courir pieds nus dans les forêts et de dormir sur le sol des cavernes ; mais si les sources de jouissance ont beaucoup augmenté, la personnalité humaine n'a pas changé ; l'homme a appris à

triompher de toutes les difficultés et de tous ses ennemis, excepté de lui-même; et rien de ce que nous voyons
ne peut nous faire espérer qu'il viendra un jour où les
dernières traces de notre brutalité et de notre esprit
d'antagonisme feront place à des instincts plus propres à
assurer notre bonheur. Les progrès dont nous sommes si
fiers sont le résultat de travaux et d'efforts accumulés
pendant des siècles, transmis et augmentés de générations en générations sans que l'intelligence et les aptitudes sociales de ceux qui en profitent soient supérieures
à celles des hommes qui les ont ignorées. Nos mœurs
comme nos habitudes intellectuelles résultent de conditions très nombreuses plus externes qu'internes, et non
des dispositions innées produites chez les individus qui
viennent au monde dans les contrées civilisées, par la
structure ou la quantité de phosphore de leurs cellules
cérébrales.

Tels qu'ils naissaient, il y a plusieurs milliers d'années,
les hommes naissent encore aujourd'hui ; mais les connaissances qu'ils ont acquises pendant cette longue
période et les usages qui se sont établis leur ont donné
de nouvelles idées et de nouveaux goûts. Personne ne
soutiendra que les cerveaux de Moïse, de Confucius, de
Çakya-Mouni et des législateurs inconnus qui ont les
premiers réglementé les mœurs des Chinois et des
Egyptiens aient dû être inférieurs à ceux que produit le
dix-neuvième siècle ; et puisque ces fondateurs ou pro-
mulgateurs de doctrines sociales étaient compris de leurs
contemporains et formaient des disciples, il faut admettre
que les organes intellectuels des hommes d'alors étaient
aussi bien conformés que les nôtres, aussi aptes à appré-

cier les besoins moraux de l'humanité et à pratiquer les vertus sociales.

On sait aujourd'hui qu'il y a eu, bien longtemps avant notre ère, une époque où les Egyptiens s'adonnaient aux arts et aux sciences et avaient les mœurs les plus pacifiques. On s'amusait à Memphis, il y a six mille ans, tout comme aujourd'hui à Paris ; on y connaissait les mêmes divertissements ; mais il ne paraît pas qu'il y eût alors de budget de la guerre : car les nombreuses peintures de cet âge qui décrivent si bien les fêtes et les jeux publics ne présentent pas la plus légère trace qui rappelle les combats et la violence au milieu de témoignages nombreux d'industrie et de richesse. Cinquante ou soixante siècles au moins, et peut-être bien plus encore, pendant lesquels certains peuples ont vécu en se soumettant aux lois et aux usages de la civilisation, n'ont donc pas sensiblement modifié la nature humaine et créé, même chez les races les plus douées, des instincts plus élevés ni des facultés intellectuelles plus étendues. L'explication que les transformistes donnent du développement héréditaire dans le cerveau humain des sentiments de moralité, n'est donc pas confirmée par ce qui s'est passé pendant la durée des temps historiques, et ne peut pas s'appliquer, par conséquent, à une durée moins longue encore. Bien loin de prouver que les habitudes de l'esprit et les règles de conduite que l'on s'impose deviennent instinctives chez les descendants, l'expérience paraît montrer que l'éducation est à refaire à chaque génération. Ce qui trompe certains observateurs, c'est que cette éducation se fait presque inconsciemment par l'influence des traditions et du milieu ; mais il arrive fréquemment que des enfants naissent avec des aptitudes très grandes pour des choses qui n'ont jamais été cultivées chez leurs ascendants.

Il y a des peuples, dans l'Océanie, qui étaient, il y a cent ans, à l'état sauvage, et qui pratiquent très bien, aujourd'hui, le gouvernement parlementaire. Il n'a fallu que deux ou trois générations pour qu'ils puissent s'assimiler nos usages, nos lois et nos idées. On voit également, au centre de l'Afrique, en Australie et ailleurs, des écoles où les missionnaires enseignent, avec succès, les langues, l'arithmétique, la musique, les préceptes de notre morale et de nos religions, à des enfants noirs dont les parents et ancêtres n'ont jamais entendu parler de rien de semblable. Ces jeunes cerveaux possèdent donc les éléments nécessaires à la conception de nouvelles idées et à la pratique de nouvelles habitudes, sans que leur généalogie puisse les y avoir préparés. En revanche, nous voyons naître, au milieu de nous, quantité d'hommes qui semblent bien plus disposés à la vie des sauvages qu'aux mœurs civilisées.

La police de toutes les grandes villes connaît parfaitement l'existence de nombreuses hordes d'individus qui n'ont d'autre occupation et d'autre goût que de braver les lois, de voler et de tuer. Les autres hommes sont pour eux ce qu'ils sont pour les loups, les renards, ou les rats des égouts, c'est-à-dire des ennemis aux dépens desquels il leur faut prélever leur subsistance, et ils n'ont même entre eux d'autre sentiment de solidarité que la haine de la délation. Londres en compte plusieurs dizaines de mille, et ces gens-là ne sont pourtant pas tous issus de parents ayant vécu dans le brigandage. La misère et l'abandon jette quelquefois parmi eux des enfants de parents honnêtes.

Dans les autres rangs de la société où l'on enseigne et proclame l'obéissance aux lois, l'amour de la justice, le désintéressement et la loyauté, la plupart des hommes n'en montrent pas moins des penchants naturels absolument contraires à ces principes, et ne paraissent pas avoir reçu de leurs aïeux un gros héritage de vertus sociales. Ce n'est pas, il est vrai, avec le couteau ou le casse-tête que les gens de cette classe attentent à la bourse d'autrui, mais avec l'arsenal de la mauvaise foi; les luttes du commerce, de la politique ou des entreprises financières sont les champs de bataille sur lesquels on se fait, sans interruption, une guerre acharnée et souvent déloyale.

Dans toute affaire, chacun cherche à bénéficier sur ses partenaires; dans toute association, chacun veut retirer plus d'avantages que les autres. Si ce n'est tous, c'est au moins le plus grand nombre des hommes qui se conduit ainsi, et on peut dire sans crainte que si certains individus agissent autrement, ils n'en forment pas moins l'exception; et ce n'est que par l'effet de l'éducation, des principes reçus pendant l'enfance, des idées religieuses, ou des efforts de la raison qu'ils sont arrivés à faire passer la justice et l'honnêteté avant les tentations de l'intérêt personnel. Dans tous les pays, les enfants volent et mentent naturellement jusqu'à ce qu'on leur ait appris que la société le blâme ou le punit, et cet instinct est aussi fort chez les nôtres que chez ceux des sauvages.

Si nos mœurs sont plus douces et nos goûts plus déli-cats que ceux de nos ancêtres, c'est uniquement parce que les usages et non les caractères se sont modifiés, notre genre de vie et nos institutions ne donnant plus à notre brutalité naturelle les occasions de s'exercer autant qu'autrefois; mais il suffit d'être transporté très jeune dans un milieu différent de celui de sa race pour oublier tous les goûts de celle-ci.

Nous n'avons plus les spectacles sanglants des cirques romains; mais si les gouvernements les toléraient, combien faudrait-il de temps pour les rendre populaires? A défaut de ces aimables jeux, les combats de chiens ou de boxeurs et les courses de taureaux ne manquent pas d'amateurs, et partout les exécutions humaines sont extrêmement recherchées. Les peuples les plus policés ont encore, de nos jours, des passions aussi désordonnées et des instincts aussi sanguinaires que les hordes de Gengis-Khan. Aussitôt que les circonstances les excitent et suspendent l'action des lois, on les voit commettre les actes les plus cruels et les plus grossiers.

Dans les journées de révolution, les Parisiens du XVIII° et du XIX° siècle se sont livrés à des excès de débauche et de férocité que les hommes préhistoriques n'ont probablement jamais surpassés. Il en a été de même dans bien d'autres contrées; et ce qu'il y a de plus significatif, c'est qu'en dehors même du tumulte et de l'ivresse, on voit des gens, parfaitement de sang-froid, applaudir et exciter ces atrocités.

Ces faits sont trop fréquents et trop universels pour qu'on puisse les attribuer à des accidents d'atavisme, c'est-à-dire à la réapparition exceptionnelle du tempérament de nos ancêtres éloignés; ils montrent bien ce qu'est encore, en général, l'homme de notre époque. Les individualités sont restées les mêmes à travers les âges, les collectivités seules se sont modifiées et sont constamment en progrès là où il y a de bonnes lois, par la raison que les nombreux sujets qui les composent ne se renouvelant pas tous en même temps, les modifications se conservent et s'accroissent dans la masse.

Il y a, cependant, des aptitudes chez les hommes et des instincts chez les animaux qui se sont développés sous l'influence de causes permanentes, telles que le climat, le genre de vie ou des habitudes imposées par les circonstances. Mais, si les Tsiganes persistent à aimer la vie nomade, si les Italiens sont naturellement musiciens et les Israélites économes, il n'en est pas moins certain que la bienveillance, l'amour de la justice et les autres dispositions propres à établir une parfaite harmonie entre les hommes n'ont encore jamais pu se fixer chez aucun peuple, ni même dans aucune famille ; et quant aux instincts remarquables qu'ont acquis certaines races de chiens, que les transformistes invoquent si volontiers, il n'est peut-être pas très prudent de les citer, car il est fort probable que l'usage du fouet a été pour beaucoup dans la formation des talents spéciaux des ancêtres de nos limiers et chiens d'arrêt.

La statistique et l'histoire prouvent que dans notre espèce, les qualités exceptionnelles ne se maintiennent jamais longtemps dans une famille ; et toute supériorité, soit naturelle, soit créée par la société semble être une cause d'épuisement. Toutes ces considérations sont peu faites pour donner confiance dans la réalisation des visions optimistes de la nouvelle école ; et la variété des jouissances que les progrès matériels permettent à quelques-uns de se procurer aujourd'hui, doit avoir plutôt pour effet de multiplier les sujets de mécontentement que de généraliser le bonheur. En dépit des raisonnements, des lois et des exhortations philosophiques et religieuses, les querelles, les rivalités, la vengeance sont des sources de jouissances toujours très recherchées. Il est plus agréable d'abuser de sa force que d'en user avec justice, de dénigrer que de louer et de se disputer que de s'entr'aider. Les cochers de fiacres trouvent bien plus de plaisir à s'invectiver et à se barrer le chemin qu'à se faire des compliments et de la place; et il en est à peu près de même dans toutes les professions, y compris la politique. Les peuples se font la guerre plutôt que de céder ou de partager des avantages souvent insignifiants : et il suffit à beaucoup de gens de ne pas être seuls à recueillir le fruit de leur travail pour les dégoûter de travailler. Il y a partout des gens disposés à faire comme cet Athénien qui avait abattu son arbre parce que ses voisins profitaient de son ombrage. Dans les clubs et associations de toutes sortes, chacun se garde bien d'épargner ce qui est commun avec le même soin que ce qui lui appartient en propre, et il n'est pas un actionnaire de chemin de fer qui ne cherche à voyager sans payer sa place, c'est-à-dire aux dépens de ses associés.

Le mouvement de notre époque porte toutes les ambitions à s'accroître et les désirs augmentent encore plus que les moyens de les satisfaire. Tel homme qui était heureux d'abord de gagner un dollar par jour va, dix ans plus tard, se brûler la cervelle parce qu'une entreprise avortée ne lui laisse plus que dix mille dollars de rente. Les paysans et les ouvriers de nos jours, même dans la vieille Europe, ne veulent plus supporter des conditions d'existence qui sont cependant beaucoup supérieures à celles dont leurs devanciers, il y a un siècle, se contentaient sans plainte et sans espoir de changement. Tout le monde réclame la même part dans les joies de la vie, et beaucoup d'impatients préfèrent même s'adresser, pour changer l'état de choses actuel, plutôt à la dynamite qu'à la science sociale ou aux sentiments généreux et pacifiques. La civilisation est bien embarrassée pour répondre à toutes ces exigences ; et rien ne signale encore la venue d'un régime ou d'une disposition d'esprit qui inaugurent l'ère du contentement général.

Quelque amélioration qui soit apportée au sort des ouvriers, quelque développées que soient la raison et la sympathie universelle, rien n'empêchera le mineur qui travaille sous terre de jalouser l'ingénieur et l'administrateur dont les luxueuses habitations s'étalent avec leurs parcs sur le coteau voisin. Le marin qui reçoit la bourrasque sur une vergue et le chauffeur qui sue devant la fournaise de sa machine à vapeur, enragent d'autant plus qu'ils se représentent l'armateur et le négociant fumant tranquillement leur cigare dans un bureau confortable ; et il n'est pas possible que le nègre qui pioche sur une plantation de coton ou de cannes à sucre, soit sans envie et sans haine envers l'élégant gentleman qui le regarde d'un air satisfait et qui n'aura pris d'autre peine pour la posséder un jour que d'épouser l'héritière à qui elle appartient, surtout si, malgré sa couleur, il se permet d'être lui-même épris de la jeune propriétaire.

Comment remédier à toutes ces discordances de notre état social, à tous ces antagonismes entre les désirs et les réalités? Les moralistes qui prêchent la patience et le bon accord au nom de la raison et de la science ont bien peu de chances de se faire écouter, et Spencer lui-même paraît s'être fait une grande illusion en comptant sur l'infusion dans les cerveaux des générations futures d'une heureuse proportion d'altruisme, que rien dans notre manière de vivre n'encourage plus que par le passé, et qui paraît devoir se faire attendre d'une manière décourageante. La doctrine du transformisme, en détruisant le prestige dont l'humanité s'est entourée jusqu'à présent par suite de sa croyance à une origine surnaturelle et à une mission exceptionnelle dans la création, et en affirmant notre parenté plus ou moins éloignée avec toutes les familles animales, apporte encore un très grand obstacle au développement de ce sentiment. Elle peut même porter atteinte au respect de la vie humaine qui s'est appuyé en partie jusqu'ici sur ces considérations de principe et de fin.

Nous voilà donc bien loin de ces promesses de béatitude complète que nous font avec tant de conviction les prophètes de la morale nouvelle. Que de causes, au contraire, dans les conditions du mouvement qui s'accomplit pour faire produire à notre système cérébral plus de vinaigre que de sucre!

§

Je ne vous ai pas dissimulé, vous le voyez, les objections que les adversaires de la doctrine évolutionniste opposent à ses prévisions et à ses assertions. C'est à nous maintenant de les examiner, de voir si elles sont justes, si elles ont la portée qu'on prétend leur attribuer. Puisque vous voulez bien me prêter encore votre attention, je ne doute pas d'arriver à vous montrer qu'elles ne doivent point détruire notre confiance dans le perfectionnement constant de l'état social et l'avènement plus ou moins éloigné d'une ère de bonheur véritablement merveilleux pour l'humanité. Mais il faut, pour comprendre cela, savoir être logiques jusqu'au bout, c'est-à-dire nous détacher complètement de la routine des idées et des conventions actuelles pour subordonner uniquement nos jugements aux inspirations de la raison et aux enseignements de la science nouvelle. C'est ce que Spencer lui-même n'a pas fait suffisamment ; car il n'a pas osé affirmer assez nettement le peu de cas qu'on doit faire de tout ce qui est basé sur des erreurs dont on est revenu.

Si la variété des jouissances auxquelles chacun peut prétendre aujourd'hui, et la culture de plus en plus répandue des facultés intellectuelles ne font que multiplier les désirs et provoquer plus de luttes, de mécontentements et d'envies, il ne faut ni s'en étonner, ni le déplorer ; l'homme perdrait de sa supériorité et cesserait tout à fait de progresser s'il n'aspirait sans cesse au mieux, et s'il se contentait de peu quand il lui est possible d'avoir davantage.

L'humanité éclairée, sachant que l'existence terrestre est à elle-même son propre but, doit profiter de son indépendance de toute cause transcendante. Ce que nous avons à chercher, ce n'est pas l'innocence, c'est le bonheur ; ce n'est pas la justice, mais l'abondance pour tous. La justice et la vertu peuvent être des moyens, mais ne sont pas la fin, et peu importe les combinaisons qui amènent le résultat demandé ; peu importe même que les passions qui peuvent y contribuer soient considérées aujourd'hui comme mauvaises, si elles finissent par avoir un effet avantageux. Ce qu'il faut, c'est qu'il y ait adaptation de l'individu aux conditions dans lesquelles il se trouve, équilibre entre ses désirs et les moyens de les satisfaire, et par conséquent état harmonique entre les sociétés humaines et ce qui leur est extérieur.

L'observation que depuis bien des siècles les facultés morales des peuples civilisés sont stationnaires peut être exacte ; mais cela ne contredit en rien le grand fait de l'évolution humaine, et ne doit pas diminuer notre confiance absolue dans sa continuation : car l'état actuel de ces facultés est suffisant pour produire encore pendant longtemps d'heureux et importants changements dans notre sort.

Il y a entre notre espèce et les autres cette différence qu'elle accumule et capitalise tout ce que ses membres produisent ; tout ce qu'ils acquièrent d'expérience et de connaissance. Le stock de ses avantages s'accroît constamment sans qu'il y ait besoin de modifications dans ses facultés innées. Pour qu'un animal fasse autre chose que ses parents, il faut un accident, une modification dans le naturel qu'il tient de son espèce ; mais pour qu'un homme agisse mieux que son père, il suffit qu'il profite de ce que celui-ci lui a appris ou préparé ; et avec le même degré d'intelligence, il peut avoir une existence beaucoup supérieure à la sienne.

Depuis longtemps, la nature, dirigée par les besoins de la lutte pour l'existence, a fait pour notre race tout ce qui lui était nécessaire en lui donnant la parole et les qualités intellectuelles qui ont suffi à lui assurer la suprématie sur tous les êtres doués de vie. Le don de quelques circonvolutions de plus dans la substance cérébrale a pu lui tenir lieu de tout autre avantage, et par le fait il les renfermait tous. Avait-il besoin de se défendre contre des animaux féroces et d'une puissance terrible, sa taille ni sa force n'ont augmenté, mais il a acquis l'art de se faire des armes, et surtout il a eu l'heureuse idée de se grouper et de former des associations qui sont devenues invincibles. S'agissait-il, pour trouver de nouvelles ressources, de se transporter dans des pays lointains, de traverser les fleuves ou les mers, il ne lui a poussé ni des ailes comme aux oiseaux, ni des nageoires et des branchies comme aux poissons, mais des connaissances acquises peu à peu et son habileté à réunir ses efforts lui ont permis de construire et de diriger des navires avec lesquels il parcourt les océans et va peupler les îles.

Une des conséquences les plus importantes de la formation des sociétés a été de diminuer considérablement l'importance des qualités personnelles de chaque individu, de sorte que si l'un d'eux est dépourvu des aptitudes que possèdent les autres, il n'est pas condamné pour cela à périr, étant protégé par la force et les institutions de l'association. Plus la civilisation s'est perfectionnée et plus cette condition s'est fait sentir. Le faible, le malade ou l'idiot est secouru par les ressources que l'organisation sociale met à sa portée, et protégé par les lois s'il en a besoin ; du moins est-il, à ces divers points de vue, beaucoup moins abandonné à ses propres moyens que l'animal ou l'homme sauvage ; et c'est à cause de cela que l'œuvre ordinaire d'épuration que devrait produire la sélection est depuis longtemps entravée et presque annulée dans l'humanité civilisée. Mais cet arrêt ne durera pas toujours.

Une lutte active a dû avoir lieu à l'origine, pour la possession des régions de la terre les plus favorisées ; mais c'était une lutte non d'homme à homme, mais de tribus et de peuplades ; et en se prolongeant, elle a eu pour résultat de créer chez les vainqueurs des habitudes et des qualités guerrières, tandis que les vaincus, obligés de se contenter de terrains moins fertiles, faisaient progresser l'agriculture et l'industrie. Les influences de sol et de climat, ajoutées à ces premières divergences, ont produit les caractères spéciaux qui distinguent les différentes races humaines.

D'ailleurs, il y a eu jusqu'ici place pour tous sur la terre ; mais déjà l'espace se rétrécit, car la population du globe augmente rapidement, et un jour viendra bientôt où, malgré l'extension et le progrès des cultures, elle sera arrivée au chiffre maximum de ce qui peut y vivre dans de bonnes conditions. Alors la concurrence deviendra vraiment redoutable, et il faudra que les peuples les moins bien constitués disparaissent, comme cela se voit déjà dans l'Océanie et même plus près de nous, sur les terrains de l'Ouest, où les populations indigènes s'effacent peu à peu devant les hommes blancs, sans qu'on distingue la cause précise qui amène ce résultat.

Sous chaque climat, dans chaque région peut-être, il devra se former une population parfaitement adaptée aux conditions de la vie. La sélection qui a fait l'ours blanc pour les régions polaires et l'ours noir pour les forêts de Java, le robuste renne pour la Laponie et les délicates antilopes pour les plaines de l'Afrique, saura bien compléter les modifications nécessaires aux races humaines pour tirer de chaque contrée le parti le plus avantageux, y vivre avec sécurité et y développer le plus complètement possible toutes ses facultés.

Comment se fera cette adaptation? Plusieurs des auteurs qui ont le plus ardemment combattu pour la nouvelle doctrine, affirment avec Buchner, que l'effet final de la civilisation sera de fusionner tous les peuples et de répandre partout les mêmes habitudes; de sorte que les distinctions de race s'effaceront de plus en plus, et que par le seul pouvoir de sa science et de son industrie, l'espèce humaine, perfectionnée par ce mélange, saura vaincre toutes les difficultés et se faire de la terre entière un confortable et plantureux domaine, où tout sera parfaitement approprié à ses besoins et à ses caprices.

Quant à moi, je ne pense pas que cela se puisse sans que de véritables modifications s'opèrent dans nos aptitudes organiques, car plusieurs des conditions dont la nécessité s'imposera ne peuvent s'obtenir ni par des inventions industrielles, ni par des corrections à l'organisation sociale actuelle.

Qui peut aujourd'hui fermer les yeux sur les dangers dont la plupart des pays sont menacés par l'accroissement continuel de la population ? Dans certaines contrées, les hommes sont obligés de se manger ; dans d'autres, plus nombreuses, ils se vendent pour l'exportation ; et chez les nations les plus industrieuses et les mieux gouvernées, il y a abondance des choses de luxe et disette du nécessaire. Dans la Chine et dans l'Inde, il y a de fréquentes famines qui font périr prématurément des centaines de mille individus, et une partie de la population de l'ancien monde est obligée de venir chercher dans le nouveau un refuge contre les privations qui l'accablent.

Que sera-ce donc, quand la terre entière n'offrira plus de contrées nouvelles à défricher et que partout elle contiendra autant d'hommes qu'elle peut en nourrir ! Si le nombre des naissances continuait, comme aujourd'hui, à s'accroître chaque année, la misère la plus affreuse régnerait bientôt partout, et ce serait la famine et ses suites qui seraient chargées de maintenir le chiffre des morts au niveau de celui des naissances. Même après que les efforts de la lutte auraient éliminé la partie la plus faible et la plus incapable de l'humanité, les survivants ne jouiraient de leur triomphe que pour se disputer péniblement des moyens d'existence insuffisants, et il faudrait bien, en définitive, que la vie humaine fut abrégée, en même temps qu'elle serait plus tourmentée, puisque un plus grand nombre d'individus passeraient sur la terre sans que la quantité de vivants puisse augmenter.

Une diminution dans la fécondité de notre espèce est donc indiquée comme une des nécessités de l'avenir. Sans cela, point de paix ni de bonheur général à espérer ; car, vous le pensez avec moi sans aucun doute, c'est la nature et non la main de l'homme lui-même qui doit se charger de maintenir le chiffre des populations dans de justes proportions.

Cette réduction obligatoire de la production humaine a été clairement prévue par l'auteur de la « Morale évolutionniste, » et il n'est pas douteux qu'elle s'accomplisse par l'effet des lois générales qui président à l'évolution organique. L'histoire naturelle montre, en effet, que c'est au plus bas degré de l'échelle animale que l'on trouve la fécondité la plus grande, et qu'à mesure que les espèces présentent une organisation plus compliquée, des sens plus parfaits et une intelligence plus étendue, chaque existence individuelle semble devenir plus précieuse, et la nature se montre moins prodigue de créations destinées à une prompte destruction. Les infusoires, les insectes, les poissons même naissent en nombre incalculable; mais le plus grand nombre est destiné à servir de nourriture à d'autres animaux ou à périr de mille façons dès les premiers jours. Cette facilité de multiplication diminue considérablement pour les animaux supérieurs, et les lois de la nécessité semblent régler la puissance de ce frein sur les besoins de l'ensemble des êtres.

Il n'y a donc presque pas de doute à avoir sur le maintien naturel de l'équilibre entre la dépense et la reproduction de l'espèce humaine sans que pour cela la mortalité relative augmente. Il est même probable que les conditions d'hygiène s'améliorant, et certaines causes de destruction ayant disparu, la moyenne de la vie sera augmentée.

Mais il ne s'agit pas uniquement pour nous de posséder la subsistance et les éléments de la vie les plus essentiels; notre nature supérieure demande plus que le nécessaire, elle réclame du superflu et des jouissances intellectuelles, et elle ne trouve sa satisfaction que dans des conditions toutes relatives qui varient sans cesse. Ses exigences n'ont pas de limites précises, car elles s'accroissent avec l'habitude du bien-être, et la possession de ce que nous désirions amène de nouveaux besoins. Il est visible, aujourd'hui surtout, que chacun ne veut apprécier son sort qu'en le comparant avec celui des plus favorisés. Les socialistes et communistes de toutes les sectes proposent, il est vrai, leurs combinaisons et réglementations plus ou moins ingénieuses pour remédier à cet état de choses; mais toutes leurs conceptions ne tendent, en définitive, qu'à faire de la société humaine un vaste pénitencier, et le banquet de l'existence ressemblerait à une table d'hôte économique et obligatoire, où tous les appétits devraient se contenter du même régime insipide et spartiate. Supprimer toutes les spécialités, empêcher toutes les supériorités, émousser jusqu'aux affections de famille en les rendant banales, tel en serait le dernier mot. Ce n'est pas là un programme de progrès, et cela n'aurait aucune chance de durer. Ce qu'il faut obtenir, ce n'est pas de supprimer les jouissances, c'est de les augmenter et d'en faciliter la répartition en appropriant leur variété à la variété des désirs. Nous devons compter pour cela sur les puissants effets de la science et surtout du temps qui est le grand facteur de l'évolution. En regardant dans le passé, nous voyons déjà plus d'une révolution accomplie à l'avantage de l'humanité sans avoir été cherchée ni même comprise pendant qu'elle s'effectuait. Pourquoi donc ne s'en ferait-il pas de nouvelles et de plus rapides, surtout si nous y appliquons tous les efforts de notre intelligence, qui constituent des forces réelles convergeant vers un résultat cherché, ajoutées aux forces qui, jusqu'ici, n'avaient agi qu'aveuglément.

C'est ainsi que l'esclavage, dont j'aurai à vous reparler tout à l'heure, a été remplacé peu à peu chez les nations civilisées par le servage qui ne valait pas beaucoup mieux, mais qui cependant était un progrès. Plus tard, le servage a aussi disparu, et du travail libre, qui était primitivement un grand bien, sont nés cependant le prolétariat et toutes les misères engendrées par les usines avec leurs chômages, leurs tarifs variables, leur fonctionnement tyrannique et quelquefois leurs travaux malsains et dangereux. Pourquoi douterions-nous que de nouvelles combinaisons se présentent pour substituer à ce régime un ordre de choses en harmonie avec les besoins du jour?

Depuis l'origine des premiers organismes, il ne s'est fait de progrès que par la division du travail et par la séparation des fonctions, qui n'ont pu se perfectionner, qu'en se localisant dans des appareils spéciaux. Aucun travail ne s'accomplit avec précision que par des instruments servant à un seul usage. Les animaux rudimentaires, qui n'ont pas un organe spécialement affecté à chaque fonction, sont dépourvus d'intelligence et presque de sensations. Les hermaphrodites ne se trouvent qu'aux plus bas degrés de l'échelle. Il a fallu la séparation de deux sexes pour faire naître les aptitudes si variées qui font aujourd'hui notre admiration chez beaucoup d'espèces animales; et celles qui en ont trois, comme les abeilles et les fourmis, ont seules pu s'élever jusqu'à l'organisation parfaite de la vie en commun. Sous ce rapport, l'humanité n'a qu'à les envier; et peut-être peut-elle puiser dans leur exemple une indication sur le procédé qui serait le plus profitable à son perfectionnement : car c'est l'existence d'une classe uniquement propre aux travaux matériels qui est cause de cette heureuse et exceptionnelle situation.

Il est vrai qu'il y a une réserve à faire dans notre admiration pour cette condition, car la moitié du genre humain qui a le privilège de la barbe et du commandement ne s'accommoderait pas volontiers de l'usage qui, chez ces hyménoptères, veut qu'elle soit sacrifiée tout entière dans un massacre général annuel, aussitôt ses devoirs maritaux accomplis. Si c'est là une garantie de paix excellente, le moyen est d'un radicalisme que personne ne serait sans doute satisfait de voir s'établir; mais sans aller si loin, on peut désirer pour l'humanité qu'elle trouve à se décharger sur des subalternes du soin de faire valoir son domaine et, en général, de tous les travaux pénibles. Il est anormal et contraire au principe du progrès que les mêmes hommes dont l'intelligence est apte à s'appliquer aux choses les plus élevées, et dont les goûts seraient aussi délicats que variés s'ils avaient le loisir de les satisfaire, soient obligés par les nécessités brutales de la vie, à se livrer aux occupations les plus infimes et les plus grossières. Il est certain qu'il y a dans l'humanité une portion nombreuse qui demande à se séparer de celle qui est restée en arrière et qui est un obstacle à la continuation de ses progrès. Rien ne serait plus heureux que l'établissement entre elles d'une démarcation infranchissable qui hâterait leur perfectionnement dans deux voies différentes, et nous pourrions y aider si, au lieu de chercher maladroitement à fusionner toutes les races et à confondre leurs destinées, on s'efforçait de les maintenir dans leurs rôles naturels.

Est-ce à dire que je proclame la nécessité de l'esclavage? Non, dans les conditions où il a été presque toujours pratiqué; mais il est regrettable que la civilisation ait été si près de la véritable solution du problème social et se soit égarée sans la trouver. Qu'est-ce, en effet, que l'esclavage, sinon le partage de l'espèce humaine en deux classes dont l'une représente la tête et le cœur du corps social, et l'autre les bras; mais il faut qu'il soit basé sur des causes naturelles et non sur l'arbitraire et la force brutale.

Les plus sages philosophes de l'antiquité l'admettaient, ne concevant pas que la civilisation put s'en passer; et ils l'excusaient en théorie, en supposant que les esclaves étaient par nature inférieurs à leurs maîtres, « comme le corps l'est à l'âme », suivant l'expression d'Aristote. Il n'y avait qu'une erreur à cela, c'est que le fait était absolument faux, puisque les uns et les autres appartenaient aux mêmes races et étaient doués des mêmes qualités et des mêmes sentiments. Dans ces conditions, il constituait un abus sans excuse et n'augmentait pas la somme de bonheur du genre humain, puisque ce qu'il donnait aux uns, il le prenait arbitrairement aux autres. Cependant il n'a pas été aboli pour ce motif, mais seulement au nom de considérations que nous savons maintenant n'avoir aucun fondement raisonnable. Rien n'est plus faux que la prétendue égalité des hommes entre eux, car tout la contredit dans la nature; et la fraternité n'est qu'un préjugé philosophique ou religieux dont la science fait justice aujourd'hui en dévoilant notre véritable origine et les lois de notre développement. Il ne doit donc y avoir aucun privilège d'ordre transcendant pour les membres de notre espèce.

J'ai tort, d'ailleurs, de dire : « notre espèce », je devrais dire « les espèces humaines » toutes les fois que je veux vous parler de l'humanité entière ; car notre doctrine reconnaît que l'homme a pris naissance sur plusieurs points de la terre et qu'il n'y a nullement fraternité entre toutes les différentes familles qui l'habitent ; mais seulement ressemblance provenant de ce que les mêmes causes ont produit les mêmes effets. Certaines races humaines ont moins de parenté entre elles qu'elles n'en ont avec des espèces animales. Quel motif raisonnable pouvons-nous donc alléguer pour traiter si dédaigneusement tous les animaux, et si partialement tous les hommes, fussent-ils les plus grossiers, les plus stupides et les plus méchants, puisqu'il n'y a même pas à réclamer en faveur des êtres doués de la parole le vain avantage d'une origine supérieure ?

Pour moi, je me sens heureux de pouvoir avouer hautement une affection plus grande pour *Ned*, mon courageux et fidèle « pointer », que pour une infinité d'êtres humains qui ne me sont connus que par leurs vices, tandis que lui est prêt à se faire tuer pour me défendre, s'il y a lieu, et consacre sa vie et ses efforts à m'aider quand je suis à la chasse.

Ce que nous avons uniquement à considérer dans nos relations avec les autres êtres, c'est la nature de leurs sensations et de leurs sentiments. Si nous pouvions supposer qu'ils souffrent autant que nous, nous serions horriblement barbares en sacrifiant tant d'animaux à notre gourmandise et à nos caprices de tous genres. Mais il est évident que s'ils sentent les coups qui les frappent, c'est à un degré très faible, et quant à la mort, leur faculté de prévision est si bornée qu'ils ne la redoutent pas et n'éprouvent aucune peine à l'attendre.

C'est cette absence de souffrance morale chez les bêtes qui justifie seule notre conduite envers elles, et il est facile de reconnaître qu'elle existe presque au même degré chez la plupart des peuples sauvages.

Chez beaucoup de tribus africaines, on immole des hommes et des femmes par centaines sur la tombe des chefs, et la résignation des victimes égale celle des bestiaux que l'on mène chez nous à l'abattoir. Dans une grande partie de l'Océanie, on se débarrasse des vieillards quand ils ne sont plus en état de se suffire, et ils reçoivent la mort avec indifférence de la main de leurs enfants. Tous ces peuples supporteraient la servitude sans en souffrir, si elle était appliquée avec douceur et intelligence, et plusieurs d'entre eux s'y habituaient parfaitement quand nous avons eu la sottise de leur enseigner qu'elle était indigne d'eux.

Le nègre africain surtout semblait avoir été formé par la nature pour être l'instrument du blanc dans l'exploitation des contrées tropicales. Vigoureux et soumis, il peut y travailler sans danger et presque sans fatigue, mais il ne sait pas profiter pour lui-même de leurs riches produits.

Tel qu'il était quand on a commencé à l'employer, il ne souffrait nullement de la situation inférieure où le plaçait la civilisation, et où on aurait dû le conserver, pourvu qu'on l'eût traité avec humanité, qu'on eût pourvu à ses besoins et surtout qu'on n'eût pas cherché à l'assimiler à l'homme blanc. Jamais, il n'aurait conçu tout seul l'idée qu'il pouvait s'égaler à son maître, si on ne lui eût pas donné une instruction dangereuse, et si surtout on n'eût pas laissé les deux sangs se mêler et créer ainsi des métis qui effaçaient la démarcation des deux races. Au lieu de voir combler la distance qui les séparait, on eût vu s'accentuer leurs différences, et elles se fussent rendu mutuellement de bien plus grands services.

Mais, si la plupart des races noires qui ont été employées par les Européens dans leurs colonies, sont déjà trop rapprochées de la nôtre par leurs facultés pour que nous puissions les tenir asservies et leur refuser de partager tous les avantages que nous avons conquis, il en est d'autres pour lesquelles il serait absurde d'avoir les mêmes égards. L'Australie, Bornéo, l'intérieur de l'Afrique et des deux Amériques, l'Asie même nourrissent de nombreuses peuplades qui, d'après le dire des anthropologistes les plus dignes de confiance, nous sont extrêmement inférieures, et les transformistes sont convaincus qu'elles occupent une place intermédiaire entre l'espèce simienne et la nôtre. Il leur serait impossible de participer à notre genre de vie et de suivre le flot du progrès qui nous entraîne.

Voyez dans Buchner, dans Huxley, dans Shaaffausen les descriptions qui résultent des relations de nombreux voyageurs ayant visité les régions reculées où vivent ces êtres ambigus : figure bestiale, membres grêles, cerveau peu développé, corps presque aussi velu que celui des singes, n'ayant ni industrie ni vêtements, vivant sans religion et sans demeures. Si ce n'était la parole, ils seraient inférieurs même à beaucoup d'animaux, et leurs langages ont si peu de mots et expriment si peu d'idées, que c'est à peine si on doit en tenir compte. Tel est le portrait des Négrillos de Manille, des Apaches et Botocoudos d'Amérique, des nains Dokos d'Abyssinie, des Boshimen et de bien d'autres peuples innommés. L'anatomie prouve également qu'il y a moins de distance d'un orang-outang à un Hottentot que de celui-ci à un Anglais ou un Germain, et le Hottentot est loin d'être le dernier en structure et en intelligence de cette liste que je pourrais faire très longue. Il est évident, pour quiconque a une notion de l'histoire naturelle, telle qu'elle est comprise aujourd'hui, que ce sont là des familles collatérales de la nôtre, mais n'ayant pas suivi une route semblable et destinées à périr si elles sont abandonnées à elles-mêmes, comme cela est arrivé à tant d'autres dont nous trouvons à peine quelques traces dans les débris préhistoriques. Ces individus ne sont pas encore des hommes et il faut empêcher qu'ils le deviennent, mais aussi ne pas les laisser disparaître, car nous aurions un grand profit à les conserver comme auxiliaires, en favorisant la formation d'une espèce subalterne qui permettrait à la nôtre de s'affranchir des occupations qui nuisent à son progrès et à son bonheur.

Je me suis peut-être étendu un peu trop longuement sur une éventualité dont la réalisation vous semble bien problématique ; peut-être même inspire-t-elle encore de la répugnance à plusieurs d'entre vous. Je ne les en blâme pas complètement. Plus que personne, j'approuve et je partage vos sentiments de pitié pour tous les hommes blancs ou noirs, que depuis des siècles, des maîtres avides ont soumis à des tortures physiques et morales. J'ai toujours frémi d'indignation en pensant aux perfidies et aux cruautés des négriers de l'Afrique ou des kidnappers de l'Océanie. Mais la méchanceté et l'injustice ne sont pas inséparables du régime de l'esclavage, pas plus que la brutalité n'est nécessaire pour utiliser les services des nombreux animaux que nous employons. Je crois très fermement, au contraire, que l'humanité et la douceur envers tous les êtres doués de sensibilité, ne peuvent que s'accroître en se généralisant par l'habitude de penser que tous ont avec nous une origine commune et une véritable parenté. Les animaux y gagneront sans que les hommes y perdent. La compassion pour toutes les souffrances et la sympathie, n'ayant plus d'exception à souffrir, ne permettront plus à l'insensibilité et à la dureté de se former chez personne.

N'allez pas non plus vous indigner contre la perspective que je vous signale, en disant qu'il serait coupable d'arrêter le développement d'êtres semblables à nous, et que ce n'est pas perfectionner le genre humain et améliorer son sort que d'en sacrifier une partie pour en faire l'instrument du progrès et du bonheur de l'autre. Ce serait là une objection digne d'un autre âge et qui n'a pas de sens aujourd'hui. Jusqu'ici l'évolution n'a produit son action bienfaisante que par le triage de ce qui est en progrès et le sacrifice de ce qui reste en arrière. On ne peut donc attendre l'amélioration future que de conditions semblables.

Les espèces supérieures proviennent d'espèces plus imparfaites par la séparation des individus les plus favo-

risés qui sont parvenus à s'isoler du reste de leurs congé-
nères. N'a-t-il pas fallu pour le maintien de cet isole-
ment que les uns et les autres eussent des attributions
séparées, et l'adaptation n'a-t-elle pas consisté souvent à
perdre certaines qualités pour en acquérir d'autres?

L'*homme*, dit la science actuelle, *est un parvenu de
très basse extraction, mais qui a beaucoup d'avenir*.
Il doit comprendre, par l'histoire du passé, que ses
brillantes espérances ne se réaliseront que pour une
partie de sa descendance destinée à s'élever. Le reste
s'éteindra ou formera diverses variétés, échelonnées
sur la route qu'aura suivi la branche privilégiée, et qui
seront, par rapport à elles, ce que sont aujourd'hui les
singes anthropomorphes vis-à-vis de nous. Ceux qui
progressent n'ont pas à s'inquiéter de ceux qui restent
en chemin ou qui entrent dans une voie différente ; et,
dans la poursuite de nos aspirations naturelles, nous
n'avons à nous imposer aucune limite provenant de
considérations transcendantes ou de principes abstraits.

Mais, disent nos adversaires, n'est-il pas à redouter que
le respect de la vie humaine ne s'affaiblisse sous l'action
de ces nouvelles idées, et que chaque homme n'ayant plus
pour ses semblables qu'une affection intéressée ou une
sympathie banale, finisse par faire trop peu de cas de
tous ceux qui lui seront inconnus ou lui sembleront
inutiles ? Sans doute ; et pourquoi cela serait-il un
danger? Si avec la disparition des croyances tradition-
nelles théologiques et des fausses idées philosophiques,
la dignité intrinsèque de l'humanité s'abaisse quelque
peu, en revanche la valeur réelle des individualités,
mesurée sur leurs besoins et leurs facultés, acquiert plus

d'importance, et la société y gagne une plus grande liberté. J'ose même vous dire que je vois à cela un avantage précieux.

Le respect superstitieux que nous professons en théorie aujourd'hui pour toute existence humaine, ne crée en définitive, une protection que pour les coquins qui ne le partagent pas ; et les honnêtes gens en sont les dupes. Tandis que les sociétés civilisées se font, au nom de la morale ou de la religion, des scrupules de les combattre avec leurs propres armes, messieurs les assassins et les ambitieux agissent en toute liberté et font bon marché de la vie et du bien des autres. Ils ont tout l'avantage de l'agresseur sur celui qui se défend.

L'esprit nouveau réformera cette situation déplorable, en affirmant que les gens qui ne sont que nuisibles, n'ont droit à aucun intérêt ou protection de la part du corps social. Et il n'y a de mesure à garder, à cet égard, que pour éviter que chacun puisse être, à son tour, condamné trop légèrement par les autres, comme gênant ou dangeureux. Mais on peut se fier, pour éviter ce danger, à la prudence et à la justice intelligente de nos successeurs, puisque, ainsi que je vous l'ai déjà fait remarquer, ce dernier sentiment est lié à celui de notre propre conservation, et a pour guide l'instinct de la défense personnelle. La lutte pour la vie le développera encore.

Nous ne pouvons donc pas douter de la justesse des assertions que je vous ai citées en commençant, c'est-à-dire que l'humanité trouvera les plus grands avantages dans la connaissance de la vérité sur son origine et sur son avenir, ce nouveau fruit de l'arbre de la science que les gens routiniers s'efforcent en vain de nous représenter comme malfaisant et empoisonné.

Éclairé par la clarté de cette lumière nouvelle, le progrès ne sera plus entravé comme aujourd'hui par une pernicieuse faiblesse envers ceux qui lui font obstacle ou qui sont incapables d'en profiter ; et les intelligences les plus saines, les cœurs les plus généreux, les tempéraments les plus appropriés au perfectionnement ne se sentiront pas enchaînés par le lien d'une fraternité absurde ou d'une égalité morale dénuée de sens, aux individus les plus grossiers et les plus imparfaits.

Une autre conséquence, tout aussi heureuse mais bien plus immédiate dans ses effets, que produira la chute des préjugés actuels, sera la fin de la réprobation qui pèse encore généralement sur le suicide, quoiqu'elle soit bien atténuée déjà depuis quelques années. La liberté de quitter la vie n'est-elle pas en effet un des droits les plus essentiels de l'homme, et une conséquence naturelle de ses facultés de prévision et de calcul ? Elle est la compensation du fatal privilège de la souffrance morale, qui est lié en nous au développement de la culture intellectuelle, et qui est presque inconnue des animaux et des hommes non civilisés.

Par le suicide nous arrivons à ce triomphe d'échapper à la douleur et de dompter la mort en la forçant de nous obéir à notre heure au lieu de nous menacer sans cesse. Sans doute, il y a dans le nombre de ceux qui coupent court volontairement aux maux de l'existence, des faibles et des impatients qui cèdent à un moment d'humeur ou de découragement, et qui, s'ils en étaient empêchés, pourraient plus tard s'en trouver bien ; mais cela n'est jamais très nuisible à la société, car on a rarement vu un homme vraiment dévoué à sa famille, ou capable de rendre des services exceptionnels à l'humanité, ne pas savoir triompher d'un chagrin absolument personnel, et refuser de supporter une vie qui peut être utile à ceux qu'il aime, et qui par conséquent peut lui donner encore de grandes jouissances. Mais aussi que de gens, retenus par des idées religieuses ou par le préjugé qui fait du suicide un acte criminel et une lâcheté, sont condamnés à endurer inutilement pendant longtemps des souffrances sans remède! N'avez-vous pas tous vu cent fois des malheureux accablés d'infirmités, à charge à eux-mêmes et à ceux qui les entourent, voués à des tortures incessantes et sachant que leurs maux sont inguérissables, appelant la mort, mais de leurs vœux seulement, et n'osant aller à elle, effrayés qu'ils sont par cette flétrissure que l'ignorance a toujours attachée à ce mot de suicide et qui rejaillit jusque sur les enfants?

Supposez que l'opinion publique ait été complètement modifiée à ce sujet; que personne n'éprouve plus le moindre doute sur son droit absolu à la vie ou à la mort et sur l'inanité de toute crainte pour ce qui se passe dans un autre monde, quelle sera votre liberté et votre indépendance en face de cet ennemi qui nous menace tous et dont tôt ou tard chacun doit à son heure subir le terrible arrêt!

Dès que quelqu'un saura d'une manière certaine que ses forces disparues ne peuvent plus revenir, que ses douleurs ne doivent plus cesser, ou qu'il sentira les premiers symptômes de la destruction envahir ses facultés intellectuelles, il pourra, pour peu qu'il ait d'énergie et de clairvoyance, échapper à tous les désagréments dont il est menacé en se plongeant dans le sommeil et l'insensibilité du néant. Rien même ne sera plus facile que de préparer ce dénouement de manière à ce qu'il se présente sans aucune apparence redoutable, et s'exécute presque sans avoir été précédé d'aucune appréhension pénible. L'homme qui aura décidé qu'il y aurait un jour recours, pourra s'être muni depuis longtemps de ce qui est le plus conforme à ses goûts : arme, poison, pile électrique ou autre instrument de mort, que la science ingénieuse saura inventer ; il aura étudié et calculé les circonstances qui doivent amener sa décision suprême, et lorsqu'elles se présenteront, ayant pesé avec soin et lucidité le pour et le contre de son état, et reconnu que les chances qui lui restent ne valent pas la peine de la lutte, sans se donner les angoisses d'une longue attente, il accomplira insouciamment sa résolution. Celui qui craindra de ne pas en avoir le courage ou qui redoutera de voir approcher ce dernier moment, pourra même s'épargner l'amertume d'ouvrir les yeux sur sa triste situation et confier d'avance à des amis sûrs la mission de lui rendre, dans un cas prévu, le service de le délivrer de ses maux sans l'avertir, et de lui procurer les dernières douceurs de la crémation.

Qui pourrait se plaindre de pareils procédés ? Les médecins ? Mais ils n'auront encore que trop d'occasions d'exercer leurs talents. Leur science, il faut l'espérer, arrivant à dompter beaucoup de maladies reconnues jusqu'ici comme incurables, diminuera tous les jours les conditions désespérées où il faudra recourir au remède souverain ; et d'ailleurs, quel rôle plus important, quelle preuve de confiance plus grande pourrait-on leur donner, que de s'en rapporter à leurs lumières pour décider du moment où il est inutile de continuer la lutte avec les forces destructrices, et où il n'y a plus lieu de recourir à leurs soins que pour quitter définitivement le séjour des vivants.

On ne saurait se montrer trop reconnaissant pour recevoir de leurs mains quelque anesthésique puissant qui vous endorme agréablement d'un dernier sommeil ; et si tant de gens se plaisent méchamment à leur reprocher aujourd'hui de nous envoyer contre notre gré dans l'autre monde, au moins pourra-t-on espérer qu'ils s'en acquitteront, quand on les en priera, avec la plus grande correction et à la satisfaction de leurs clients. Avec des mœurs et des lois autorisant leurs bons offices dans ces circonstances, personne ne sera plus obligé de se jeter sous les roues d'une locomotive ou de se suspendre maladroitement à une corde qui peut casser.

C'est donc sous les plus brillantes couleurs que nous apparaît l'avenir pour nos descendants. Destinés à trouver toutes les douceurs de l'existence facilitées et augmentées par nos travaux, notre expérience et les sentiments d'humeur joyeuse et de sympathie universelle qu'ils auront reçus de leurs pères, prêts à quitter la vie dès qu'elle ne leur plaira plus, leur devise, presque toujours réalisée, sera : «Vivre heureux ou ne pas vivre. »

Le moindre regard jeté sur le passé nous montre que ce ne sont pas là de vaines espérances. Qui aurait pu se douter, il y a quatre siècles, que l'emploi d'un procédé ingénieux pour fondre en métal des caractères alphabétiques et pour les employer à reproduire l'écriture, centuplerait l'activité intellectuelle, vulgariserait toutes les

connaissances, ferait progresser les sciences, révolution-
nerait même la politique, introduirait le suffrage universel
dans les gouvernements et le besoin de lire son journal
chaque matin dans la vie de tout être civilisé? Qui aurait
espéré, il y a moins de temps encore, que par l'effet des
études de statistique, de la facilité des communications
et de l'organisation des services publics, les peuples n'auraient plus jamais à redouter ces famines qui autrefois
désolaient de temps en temps les nations les plus riches,
et qu'on s'apercevrait à peine de la perte des récoltes les
plus nécessaires dans toute une région ; que la plupart
des invasions épidémiques pourraient être arrêtées à
leur début par des mesures d'hygiène et de protection
concertées entre les peuples menacés ; que les voyageurs
pourraient faire le tour de la terre sans fatigue ni danger,
et que la parole, l'écriture et l'argent pourraient s'échanger
presque instantanément entre les lieux les plus éloignés ?

Ces quelques faits suffisent pour nous rappeler à quel
point le bien-être général a été accru depuis quelques
siècles, et pour nous faire apprécier ce que nous pouvons
attendre des temps futurs ; car le nombre des savants et
des chercheurs devenant tous les jours plus grand, les
découvertes utiles se multiplieront certainement dans
une proportion merveilleuse. Avec quelle rapidité les
innovations bienfaisantes se produiront-elles, quand tous
les efforts des esprits inventifs n'auront pour objet que
de diminuer et d'adoucir la part de l'homme dans le
travail mécanique, et de créer de nouvelles sources de
bien-être et de plaisir !

Au lieu de s'ingénier à perfectionner les instruments
meurtriers et de cultiver la science de se massacrer sur

terre et sur mer, à bout portant ou à distance, on trouvera sans aucun doute des machines et des sources de
forces nouvelles pour exploiter les mines, labourer la
terre et fabriquer toutes sortes de choses sans fatigue ni
danger. L'homme arrivera à fertiliser toute la surface des
deux continents, à ne laisser produire au sol que les
plantes qui lui sont utiles, à ne laisser vivre que les animaux qu'il lui sera agréable d'y conserver ; il verra disparaître les tigres, les trigonocéphales, les moustiques et
le phylloxéra, et trouvera des agents exterminateurs
contre le microbe du choléra et le bacille de la fièvre
jaune.

Quant aux travaux d'un ordre plus élevé, pour lesquels
il est impossible de supposer que l'intelligence humaine
puisse jamais se faire suppléer ou aider, c'est le mécanisme même qui produit cette faculté, celui qui est
constitué par l'agencement cellulaire de la matière grise,
qui se perfectionnera et atteindra sans efforts à des résultats supérieurs à ceux qu'il donne actuellement. Ainsi,
quelques instants, par exemple, suffiront à exécuter ce
qui demande aujourd'hui des heures ou des journées : et
on verra peut-être les discours politiques, les études des
pianistes, ou les calculs des économistes réduits de
moitié pour le plus grand bonheur de tous. Sans doute
aussi il se produira de plus en plus très fréquemment
quelqu'une de ces découvertes qui apportent à l'humanité
une jouissance de plus comme le cigare, ou qui créent un
art nouveau comme la photographie, et qui contribuent
bien plus au bonheur de l'humanité que l'invention de
la poudre ou la connaissance d'une nouvelle planète.

Je voudrais avoir, pour vous montrer la réalité de cet

avenir, l'imagination et la verve créatrice d'un poète ou du moins d'un romancier ; je voudrais pouvoir rassembler, en quelques scènes faciles à concevoir, les principaux changements qui seront introduits dans la vie humaine pour l'embellir et peut-être la prolonger.

La jalousie, les haines, les enlèvements, les meurtres, les guets-apens ou les duels ne sont pas les seuls incidents ou stimulants qui puissent provoquer des péripéties intéressantes. Le triomphe de la science et de la persévérance humaine sur les résistances de la nature, peut fournir à lui seul des sujets d'épopées ou de romans qui de longtemps ne seront pas épuisés. Si quelque écrivain de talent entreprenait de représenter des épisodes qui résulteront de la libre recherche du bonheur au milieu d'une paix inaltérable, et de dépeindre les satisfactions de tous les instants que sauront se procurer des hommes qui ne cherchent jamais à se nuire et qui jouissent tous du bien de chacun, ne produirait-il pas le plus séduisant des tableaux et ne nous ferait-il pas mourir d'envie d'atteindre à cette bienheureuse époque ?

Un auteur français aussi fécond qu'agréable, Jules Verne, a essayé cette tâche en partie ; et dans des fictions destinées aux enfants, mais pleines d'enseignements, il a donné quelques brillants aperçus sur les avantages que nous devons tirer des découvertes les plus récentes et de celles qui s'annoncent comme devant bientôt les suivre ; mais il ne s'est malheureusement pas occupé des changements moraux qui accompagneront les progrès de la vie matérielle... C'est un oubli regrettable, car les tableaux variés qu'il nous présente dans les exploits de ses personnages hardis et ingénieux, ne seraient pas moins captivants et n'en seraient que plus révélateurs, si les caractères qu'il décrit étaient dépeints tels qu'ils devront être dans ce milieu social si supérieur au nôtre. Malgré notre goût quelque peu blasé ou dévoyé, les lecteurs d'aujourd'hui pourraient encore s'intéresser à des récits d'un monde où il n'y aura ni cours d'assises, ni mauvais ménages, ni fonctionnaires abusant de leur pouvoir, ni nations en guerre, ni banqueroutiers ; ils pourraient se passionner pour l'histoire d'un directeur de chemin de fer qui ne chercherait qu'à faire des surprises agréables aux voyageurs ou à leur offrir, sans augmenter ses bénéfices, des sièges de plus en plus confortables ; et ils trouveraient peut-être tout aussi extraordinaire et digne d'admiration l'aventure d'un négociant, qui étant seul à posséder un approvisionnement de blé ou de vin dans une année de mauvaise récolte, ne le vendrait cependant pas plus cher, que celles de ce marin intrépide qui, à l'aide d'instruments merveilleux, poursuit sous les flots sa route capricieuse, chasse un gibier étrange et y découvre des richesses inépuisables. Ce sont pourtant là des faits qui passeront certainement un jour de la fiction à la réalité. Mais ici se pose une question du plus haut intérêt.

Est-ce très prochainement que nos heureux successeurs pourront atteindre cet avenir si favorisé que nous entrevoyons, mais que nous ne sommes pas en état de conquérir pour nous-mêmes ? C'est là un point fort important à connaître ; car, à vrai dire, s'il faut pour le réaliser un temps aussi considérable que celui qui a été nécessaire dans le passé pour produire dans les espèces les changements dont nous découvrons aujourd'hui les phases diverses, nos recherches à ce sujet ne seraient plus que des études purement spéculatives ; et à part quelques savants, personne ne s'y intéresserait plus qu'aux prédictions des astronomes sur le déplacement de l'axe terrestre ou sur la diminution du volume du soleil. Elles n'auraient même pas le mérite d'être aussi exactes, et ne vaudraient pas le temps que vous avez bien voulu consacrer à m'écouter.

Herbert Spencer, notre guide sur tant de points, n'est pas très rassurant à cet égard. Dans sa foi absolue à la doctrine Darwinienne, il ne croit le perfectionnement social possible que par le développement héréditaire de l'organe intellectuel et des sentiments de bienveillance universelle ; et il termine son excellent livre sur la science sociologique en affirmant : « Qu'il n'y a pas d'enseignement ni de politique qui puisse faire dépasser à l'évolution sociale une vitesse normale, limitée par la vitesse de l'évolution organique des êtres humains. » Cela revient à dire en d'autres termes, qu'il n'y aurait pas à espérer d'amélioration sensible dans les relations des hommes entre eux, jusqu'à ce que le poids du cerveau humain ait gagné en moyenne un certain nombre d'onces nécessaire pour corriger l'insuffisance de nos facultés actuelles.

Ailleurs il ajoute, que « l'homme idéal ne pourra naître que dans une société déjà parfaite ». Il semblerait donc que l'avenir de l'humanité soit enfermé dans un cercle vicieux ; mais il faut se rappeler que le transformisme nous montre partout dans la nature animée les organes et les fonctions se perfectionnant par degrés presque insensibles, en s'influençant et se poussant mutuellement. De même, la nature humaine et l'organisation de la vie sociale devront marcher parallèlement dans la voie du progrès, chaque amélioration de l'une des deux se communiquant à l'autre pour servir de point de départ à une nouvelle poussée. Ce n'est donc qu'un résultat fort éloigné que Spencer nous promet, car il précise bien qu'il ne nous appartient pas de hâter la marche de l'évolution, tandis que notre inintelligence des conditions dans lesquelles elle doit s'accomplir et des causes qui produisent les transformations avantageuses, peut entraver sa marche ; et il montre comment dans la plupart des contrées les plus civilisées, on oppose au progrès des obstacles très regrettables par suite de principes erronés et mal appropriés aux besoins sociaux.

Ces affirmations décourageantes seraient bien faites pour glacer toutes nos espérances, si nous devions les prendre à la lettre ; mais il est d'autant plus naturel de ne pas les accepter sans examen, qu'elles présentent une contradiction flagrante, dont un logicien comme leur auteur ne s'est certainement pas rendu coupable par inadvertance, et qui ne peut être de sa part que l'effet d'une prudente réticence. Sachant qu'une grande partie du public se montrait déjà effrayée de la hardiesse de ses idées, il n'a pas voulu que toutes leurs conséquences fussent dévoilées trop tôt. Il s'est rendu compte qu'il fallait pour les admettre des esprits complètement déshabitués des formules actuelles, et qu'elles ne devaient être présentées au monde qu'après que les maximes enfantées par la nouvelle philosophie scientifique auraient fait leur chemin et acquis une notoriété incontestée. Mais il n'y a pas à douter que le savant philosophe a compté que la perspicacité et la logique de ses lecteurs intelligents sauraient suppléer à sa réserve et formuler elles-mêmes des conclusions qu'il fait semblant de nier.

Il est bien évident que si certaines pratiques sont nuisibles et mettent obstacle au perfectionnement de notre nature, en favorisant l'accroissement de la partie des populations qui est la plus rebelle au progrès ou en contrariant le développement de facultés avantageuses, des habitudes ou des mœurs contraires produiraient un effet opposé et augmenteraient la proportion des gens doués de qualités utiles.

Il est très vrai que plusieurs des usages des peuples civilisés semblent imaginés tout exprès pour empêcher l'action bienfaisante de la sélection et arrêter le perfectionnement de notre espèce. La médecine, encouragée par une aveugle sentimentalité, s'applique à faire vivre le plus possible les fous, les idiots, les infirmes et les incomplets de tous genres; et les institutions favorisent leur multiplication, tandis que la partie la plus saine des populations est mise, par les nécessités du travail ou les lois militaires, dans l'impossibilité de se marier précisément dans les années qui seraient les plus favorables pour le bien de l'espèce. Un sentiment de fausse justice non moins erroné et fatal s'obstine à encourager les malfaiteurs à ne pas nous priver de leur postérité; et les gouvernements des nations qui se croient les plus éclairées, se donnent la peine de chercher des femmes vicieuses et perdues pour les unir aux criminels les plus endurcis qu'ils sentent pourtant le besoin de tenir éloignés, mais dont ils protègent les familles. Je pourrais vous citer encore bien d'autres erreurs de nos mœurs qu'il serait facile de réformer.

Si l'école transformiste a développé tant de sagacité, d'érudition et d'esprit d'observation, pour démontrer l'influence de l'hérédité sur les transformations des organismes, depuis les plus simples jusqu'à l'homme, et son action sur le développement des qualités mentales, pourquoi nier le résultat qu'on pourrait obtenir par une culture intelligente de notre espèce, analogue à l'élevage que nous pratiquons sur les autres ? Ce n'a pu être certainement que par la crainte que nous ne fussions pas assez mûrs pour de pareilles vérités ; mais les esprits se familiarisent tous les jours avec la révolution intellectuelle et morale qui est la conséquence des découvertes scientifiques ; et loin de redouter les hardiesses, ils les cherchent maintenant avec avidité.

Quelques-unes des modifications qu'il y aurait lieu de faire à nos coutumes et à nos lois, commenceraient sans doute par révolter certains préjugés et inquiéter quelques caractères timides ; mais le moment n'est pas éloigné où ces considérations seront sans influence, et où on entrera sans crainte dans la voie que nous indiquent les lumières de la raison. L'intervention du calcul dans la direction du travail de l'évolution humaine, sera sans doute une chose nouvelle, mais elle est aussi naturelle que l'a été, à l'origine du règne animal, l'apparition de l'instinct et des sensations poussant ces êtres nouveaux à la recherche de leur subsistance, tandis que jusqu'alors la formation des corps avait dépendu du hasard, c'est-à-dire des forces sans coordination qui amenaient leurs éléments à la distance où l'affinité leur permettait de se combiner. Les sensations dérivant du besoin ont introduit dans les fonctions de la matière un facteur nouveau qui a singulièrement augmenté les effets utiles de son activité. En d'autres termes, tandis que des siècles sont nécessaires au moindre accroissement ou aux moindres modifications des corps bruts, la sensibilité, l'instinct et l'intelligence des animaux leur font trouver en quelques instants les matériaux nécessaires à leur développement, qui se fait par suite de cela avec une extrême rapidité. De même, le développement de l'humanité s'était opéré jusqu'ici lentement, parce qu'elle était inconsciente de ce qui se passait en elle; mais du moment qu'elle y appliquera ses facultés de connaissance et de direction, toutes les forces éparses qui agissaient à l'aveugle se grouperont et convergeront vers un résultat qui sera bientôt atteint. Ce sera comme une force nouvelle d'un ordre supérieur qui entrera en jeu, et qui ne peut être sans effet. Il est d'ailleurs tout aussi naturel aux peuples de s'astreindre à certaines règles dans un but d'orthopédie sociale, qu'il l'est pour un individu de recourir à un régime hygiénique ou à la main d'un chirurgien pour redresser ou prévenir des infirmités. Sparte l'avait compris autrefois.

Pour moi, je vous l'affirme donc avec la plus haute et la plus sincère conviction, je crois apercevoir à peu de temps d'ici l'ère heureux où l'existence ne sera pour nos enfants qu'une suite de plaisirs entretenus et augmentés par des relations cordiales et affectueuses avec tout le monde; mais c'est à la condition que nous ne laissions pas la nature agir aveuglément. L'évolution universelle ne produirait pas plus vite l'homme accompli que le hasard ne produirait un troupeau de mérinos au milieu du bétail à demi-sauvage des pampas.

§

J'espère, mes chers concitoyens, qu'aucun de vous ne pense à m'adresser le reproche de manquer de logique, si après avoir déclaré que tous les événements de l'avenir sont irrévocablement fixés, j'ai entrepris une discussion sur les avantages que nous procurerions aux générations futures en rompant promptement avec notre routine morale et en modifiant quelques-unes de nos règles politiques et sociales.

J'ai répondu d'avance à cette critique, quand je vous ai parlé du déterminisme opposé au fatalisme. Les calculs et la prévoyance sont un des rouages du grand mécanisme dont dépendent les intérêts de l'humanité, et rien de ce qui se pense ou de ce qui se dit n'est sans conséquence sur ce qui doit arriver. Je n'ai donc pas tort de croire que les sentiments que je peux provoquer chez vous aujourd'hui serviront la cause du progrès. Ce qui serait inconséquent de ma part ce serait de vous exhorter à sacrifier vos convenances actuelles pour l'avantage des générations futures. Nous ne sommes point obligés de préparer à nos dépens le lit et le couvert pour nos successeurs; mon but a été au contraire de vous prouver que certaines contraintes que nous nous imposons presque tous par une fausse sagesse sont absolument inutiles ou même nuisibles, et que la seule chose sensée qui est de jouir du présent, est en même temps le meilleur moyen de travailler pour l'avenir. La connaissance de ce fait suffira sans doute à influencer votre conduite, et je n'ai aucun autre conseil à vous donner.

Je ne vous ferai d'ailleurs aucune excuse de vous avoir entretenus si longtemps. Je manquerai à tous les usages en ne vous demandant pas de me pardonner d'avoir abusé de votre patience; ce serait absurde de le faire, puisque nous savons positivement, que moi en vous parlant, vous en m'écoutant, nous n'avons été que des instruments passifs. De même que le vent qui règne au dehors en ce moment, ou que la pluie qui fouette les vitres de cette salle, notre réunion en ce lieu et à cette heure est la conséquence de combinaisons d'atomes qui se succèdent depuis l'origine du monde et dont les dernières ont eu nos cerveaux pour laboratoires. Elle était inévitable.

FIN.

Toulon. — Imp. A. ISNARD et Cie, boul. de Strasbourg, 56.

www.ingramcontent.com/pod-product-compliance
Ingram Content Group UK Ltd.
Pitfield, Milton Keynes, MK11 3LW, UK
UKHW020935120726
13693UKWH00003B/1341